ars vivendi

CLEVER GELÖST

100 geniale Tipps und Tricks von BAYERN 1

ars vivendi

Impressum

Lizenziert durch BRmedia Service GmbH

Rechtlicher Hinweis:
Die Inhalte wurden mit größter Sorgfalt von der Autorin und der Redaktion erstellt. Für die Richtigkeit, Vollständigkeit und Aktualität der Inhalte kann der ars vivendi verlag jedoch keine Gewähr übernehmen. Die in diesem Buch abgebildeten Foto-Motive und Texte sind urheberrechtlich geschützt. Die Verwendung der Texte und Abbildungen, auch auszugsweise, ist ohne schriftliche Zustimmung durch den ars vivendi verlag urheberrechtswidrig und daher strafbar. Dies gilt insbesondere für die Vervielfältigung, Übersetzung oder die Verwendung in elektronischen Systemen.

Erste Auflage Oktober 2019
© 2019 by ars vivendi verlag GmbH & Co. KG, Bauhof 1,
90556 Cadolzburg
Alle Rechte vorbehalten
www.arsvivendi.com

Umschlag und Innengestaltung: ars vivendi verlag
Satz und Gesamtherstellung: ars vivendi
Druck: Impress Media GmbH, Mönchengladbach
ISBN 978-3-7472-0091-9

Haushalt

Inhalt

Ernährung

Der grüne Salon

Medizin

Unterwegs

Kaufen Sie noch oder ernten Sie schon? Die Trendy-Knolle Ingwer zum Beispiel, die Sie problemlos auf der Fensterbank selber züchten können. Nachhaltig ist auch ein Erdkühlschrank – der funktioniert ganz ohne Strom!

Das »grüne Kapitel« in diesem Buch steckt voller praktischer und überraschender Erkenntnisse und Anleitungen, genauso wie die Abschnitte zu Gesundheit, Ernährung, Haushalt und Unterwegssein. Überliefertes Wissen ist gepaart mit aktuellen Erkenntnissen aus Forschung und Hauswirtschaft. Die Basis dafür ist die Serie »Clever gelöst – das Quiz der 1.000 Tipps und Tricks« des Radiosenders BAYERN 1.

Warum sind rote Äpfel einen Kick gesünder als grüne, und wie lässt es sich mit Lindenblättern raffiniert würzen? Was sind Flugkopfschmerz und Handydaumen – und wie können Sie beides vermeiden? Keine Lust auf Hausarbeit? Vielleicht doch, wenn Sie erfahren, wie aus Fensterputzen und Co ein prima Fitnesstraining wird! Wir machen die Rolle zum platzsparenden Kofferpacken, geben Tipps gegen das große Gähnen aufgrund eines Jetlags und erklären, wie Sie Ihr Smartphone bei Minustemperaturen am besten schützen können.

Das kleine Wissen für jeden Tag.
Ich bin bereits fleißig dabei, damit den Alltag meiner Familie »lifezuhacken«!

Viel Spaß auch Ihnen wünscht
Ingeborg Hain

Haushalt

Brot

Brotreste –
Kross statt altbacken

Über 3.000 Sorten sprechen für sich – die Deutschen lieben ihr Brot. Und wenn etwas übrig bleibt, kein Problem. Sauerteigbrote halten sich ohne Geschmacksverlust mindestens eine Woche. Anders als Weißbrot: Wenn dieses nicht mehr frisch schmeckt, am besten kurz im Ofen aufbacken.

Alle Sorten lassen sich im Prinzip aber auch gut einfrieren. Allerdings kann Brot ebenso wie Fleisch einen Gefrierbrand bekommen, es schmeckt dann einfach nicht mehr. Mit der richtigen Verpackung lässt sich das vermeiden. Eine einfache Papiertüte reicht nicht. Viele nutzen auch einen Gefrierbeutel, aber inzwischen gibt es dazu eine umweltfreundlichere, weil plastikfreie Alternative: Wachspapier. Es besteht unter anderem aus pflanzlichen Ölen oder Bienenwachs und lässt sich mehrmals verwenden.

Aufgetautes Brot sollte möglichst schnell gegessen werden. Deshalb ist es ratsam, es nur portionsweise einzufrieren – entweder in kleinen Stücken oder sogar vorgeschnitten in einzelnen Scheiben. Als Trenner zwischen den Scheiben eignet sich jeweils ein Blatt Wachspapier. So haben Sie Ihr tägliches Brot immer frisch zur Hand.

Toastbrot muss übrigens nicht einmal aufgetaut werden, es kann direkt vom Gefrierfach in den Toaster.

BROTCHIPS

Eine andere Möglichkeit: Sie machen aus dem alten Brot krosse Chips – mit dem Rezept von Heidrun Schubert, Fachberaterin für Lebensmittel und Ernährung der Verbraucherzentrale Bayern e. V.
Zutaten: Älteres Brot, Olivenöl, Rosmarin, Oregano oder andere Kräuter und Gewürze, Salz. Und so geht's: Brotreste in dünne Scheiben schneiden, Backofen vorheizen (Umluft bei 180 Grad, Ober-/Unterhitze bei 200 Grad), Öl mit Kräutern mischen und damit die Scheiben auf einer Seite bestreichen. Für ca. 10 Minuten in den Ofen schieben. Dazu passt körniger Frischkäse und Karottenrohkost.

Silicagel – Nützliche Minihelfer im Haushalt

Wenn die neue Tasche oder die neuen Schuhe daheim ausgepackt werden, landen sie meist sofort im Müll – die kleinen weißgrauen Säckchen mit Trockenmittel. Das in ihnen enthaltene Kieselsäuregel – auch »Silicagel« genannt – schützt die Ware auf dem Transport vor Schimmel, weil es Feuchtigkeit bindet.

Und diese Eigenschaft können Sie prima im Haushalt nutzen. Denn die Kügelchen können bis zu vierzig Prozent ihres Eigengewichts zusätzlich an Feuchtigkeit aufnehmen. Sammeln Sie einen Vorrat an und heben ihn in einer verschlossenen Dose auf.

So können Sie Kieselsäure-Säckchen nutzen

° Wenn das **Handy** nass geworden ist: Legen Sie es in einen Behälter mit den Beuteln.

° Oder ab damit in die **Sporttasche**: Wenn die durchschwitzten Sachen beispielsweise nach dem Frühsport den ganzen Tag dort drinnen bleiben, kann es schnell anfangen zu müffeln.

° Bei Regenwetter lassen sich durchnässte **Schuhe** schonend damit trocknen.

° Es lohnt sich auch, ein paar Beutel in die Box mit alten **Fotos** zu legen. Wenn sie feucht werden, kleben sie aneinander, verblassen oder bekommen im schlimmsten Fall sogar Stockflecken.

Kieselbeutel sind wieder verwendbar

Und wenn das Kieselgel seine Arbeit getan hat? Dann die feuchten Beutel langsam im Backofen trocknen – bei maximal 80 Grad. Danach sind sie bereit für den nächsten Einsatz.

Weiße Schuhränder im Winter – Vorbeugen ist besser als putzen

Kälte, Nässe und Streusalz – der Winter kann Lederschuhen ziemlich zu schaffen machen. Ärgerlich und unschön sind vor allem die weißen Ränder und Flecken. Die Ursache dafür ist weniger der Schnee selbst, sondern vielmehr das Streusalz. Hier hilft es am besten, die Schuhe sofort nach dem Ausziehen mit etwas warmem Wasser oder verdünnter Essigessenz abzutupfen.

Noch besser ist es natürlich, wenn sich erst gar keine Ränder bilden. Das geht, wenn Sie Ihre Schuhe entsprechend auf den winterlichen Ausgang vorbereiten. Der beste Schutz ist hier regelmäßiges Imprägnieren –

in einem strengen Winter durchaus einmal in der Woche. Für die Tage, an denen richtig viel Schnee und Eis liegt, empfiehlt sich zusätzlich ein anderer einfacher Trick: Reiben Sie Ihre Schuhe und Stiefel mit Schuhfett oder auch nur mit Vaseline ein. Das ist kostengünstig und wirkt zuverlässig, selbst wenn Sie häufiger durch Schneematsch stapfen.

Das Deutsche Schuhinstitut rät außerdem: Wenn Schuhe einmal richtig durchnässt sind, sollten sie bis zum nächsten Tragen mindestens einen oder besser sogar zwei Tage ausdünsten können.

Heizkosten sparen – Schon ein Grad weniger rentiert sich

Es mollig warm in der Wohnung haben und gleichzeitig Energie sparen? Was nach einem Widerspruch klingt, funktioniert tatsächlich.

Wenn Sie die Heizung nur ein Grad weniger aufdrehen, spüren Sie das vermutlich gar nicht, senken so aber nachhaltig den Verbrauch. Denn jedes Grad weniger spart rund sechs Prozent Heizenergie – und das rechnet sich. Je nach Größe der Wohnung oder des Hauses lassen sich so pro Jahr einige Hundert Euro einsparen.

Welche Temperatur für welches Zimmer?

Experten raten: 20 Grad im Wohnzimmer sind optimal, im Kinder- und Arbeitszimmer dürfen es dagegen ruhig 22 Grad sein, im Schlafzimmer reichen 16 bis 18 Grad. Darunter sollte es generell nicht sein, sonst kühlen die Wände aus, und es steigt das Risiko für Schimmelbildung.

Cleveres Lüften spart Geld!

Wenn Sie Fenster dauerhaft kippen, heizen Sie buchstäblich zum Fenster hinaus. Im Schnitt können dadurch pro Heizsaison rund 200 Euro zusammenkommen. Deshalb besser nur Stoßlüften. Dazu die Heizkörper vorübergehend abdrehen und in einem Zimmer alle Fenster für fünf Minuten komplett öffnen. Das empfiehlt sich mehrmals am Tag. So bekommen Sie frische Luft und schonen gleichzeitig Ihren Geldbeutel.

Wischwasser-Temperatur –
Es hängt vom Putzmittel ab!

Nichts einfacher als Böden zu wischen: Einen Eimer mit warmem Wasser füllen, einen Schuss Putzmittel dazu und schon kann es losgehen, oder? Stimmt leider nicht immer. Denn falls Sie einen Allzweckreiniger benutzen, muss es prinzipiell *kaltes* Wasser sein. Das überrascht erst einmal, ist aber sinnvoll, erklärt Hauswirtschaftsmeisterin Birgit Billy vom VerbraucherService Bayern: »Diese Mittel sind sogenannte Kaltwasser-Reiniger. Aus gutem Grund, denn sie enthalten Alkohol, und durch warmes Wasser würde er verdampfen, statt zu reinigen. Er könnte also weniger wirken.«

Wann ist warmes Wasser nötig?

Wenn Sie gezielt Fettspritzer entfernen möchten, dann reicht ein normales Geschirrspülmittel – dieses gehört dann allerdings in warmes Wasser. Warmes Wischwasser reicht generell oft aus, um Böden ohne große Verschmutzung zu reinigen. Spezielle Mittel sind unnötig. Das gelte ebenso für die diversen Putzsysteme, so die Expertin. Die Wischbezüge aus Mikrofaser reinigen in vielen Fällen gut auch ohne die oft teuren Pflegeprodukte der jeweiligen Firmen.

Getränke kühlen – Notfallplan für die Sommerparty

Sie bekommen überraschend Gäste und haben nur warme Getränke im Haus? Oder Ihr Kühlschrank reicht nicht aus, um die ganze Party mit kühlen Drinks zu versorgen? Macht nichts – mit diesem Trick kühlen Sie Bier, Wasser und andere Getränke schnell herunter: Nötig sind dazu Crushed Eis oder Eiswürfel, kaltes Wasser und reichlich Salz – auf zehn Liter Wasser sind es zehn Kilo Salz. Eine ganze Menge also – und das zeigt schon: Diese Kühlmethode ist wirklich nur die absolute Ausnahme für den »Hitze-Notstand«, wenn es ganz schnell gehen muss. Je nachdem wie viele Flaschen Sie kühlen möchten,

nehmen Sie einen Eimer, eine kleine Wanne oder auch das Kinder-Planschbecken im Garten.

Alle drei Zutaten gut vermischen und dann rein mit den Flaschen in die Kältemischung. Was jetzt passiert, ist ein Runterkühlen »fast wie von selbst«.

Das Salz macht es möglich

Entscheidend ist das Salz. Der Grund ist simple Physik: Das Salz bewirkt, dass die Eiswürfel schneller schmelzen. Wasser mit einer Salzlösung hat generell einen niedrigeren Gefrierpunkt als Wasser ohne. Die schmelzenden Eiswürfel kühlen das Wasser und somit auch die Getränkeflaschen und -dosen, weil die Temperatur unter null sinkt. Es dauert ungefähr zehn bis zwanzig Minuten, dann wird aus dem warmen Bier ein frisches Kühles. Ganz nebenbei: Straßenmeistereien nutzen den gleichen Effekt, wenn sie im Winter mit speziellem Salz die Straßen eisfrei machen.

Kühlschrankfächer –
Platzordnung mit Frischegarantie

Was gehört im Kühlschrank wohin? Die Antwort richtet sich leider nicht danach, was wir gerne stets griffbereit haben wollen. Die Temperatur gibt die Platzordnung vor. Und hier gilt nach dem Gemüsefach aufwärts: von unten kalt nach oben warm.

Unterschiedliche Kältezonen

• Das Fach über der Gemüseschublade ist mit etwa zwei bis drei Grad am kühlsten und deshalb der richtige Ort für Wurst, Fleisch und Fisch.
• Die Mittelfächer mit um die fünf Grad sind optimal für Milch und Milchprodukte wie Quark, Joghurt sowie jede Art von Rahm und Käse.
• Noch wärmer ist es bei sechs bis acht Grad im oberen Teil, und das ist ideal für Marmelade, Senf und Selbstgekochtes.
• Die Türfächer sind mit rund zehn Grad am wärmsten und eignen sich für Eier, Butter, Dressing und Senf.

• Der unterste Teil ist mit um die neun Grad am zweitwärmsten. Das sogenannte Gemüsefach eignet sich nicht nur für Karotten und Co, sondern ebenfalls für Salat und Obst. Die mäßige Umgebungstemperatur garantiert, dass die frischen Sachen bestens gekühlt werden. Prinzipiell gilt: In den Kühlschrank gehören keine Früchte, die aus warmen Regionen stammen, zum Beispiel Bananen.

Kuchen(-teig) aufbewahren –
Ab in den Eisschrank

Die Augen waren größer als der Magen, und es ist noch einiges da vom Kuchenbuffet? Dann einfach einfrieren für die nächste Kaffeerunde! »Mit Ausnahme von belegten Obstböden, geht das mit jedem Kuchen, sogar mit einer Cremetorte«, so Margarete Engel vom Berufsverband Meisterinnen und Meister der Hauswirtschaft Bayern e. V. Die Kunst liege beim Auftauen, so die Expertin. »Trockenes Gebäck ohne Füllung kann ich sogar gefroren in den Backofen schieben. Moderne Herde haben eigene Auftauprogramme. Falls Sie keines haben, dann stellen Sie zum Beispiel den Gugelhupf bei maximal 120 Grad für rund 15 Minuten den Ofen.« Es empfiehlt sich Umluft, damit er von allen Seiten schön warme Luft bekommt. Bei einem Käsekuchen mit Mürbteig reichen 75 bis 80 Grad. Wichtig ist generell, dass die Temperatur nicht zu hoch und die Backzeit nicht zu lange ist. So bekommen Sie im wahrsten Sinne einen frisch gebackenen Kuchen. Bei einer Cremetorte ist es noch leichter – einfach im Freien oder im Kühlschrank auftauen lassen.

WENN NOCH TEIG ÜBRIG BLEIBT

Gut einfrieren lassen sich auch rohe Teige. Dabei sollte jedoch die Faustregel beachtet werden: nur Teige ohne Backtriebmittel einfrieren, wie Mürb- und Blätterteig; als einzige Ausnahme gelten Hefeteige, die auch ins Gefrierfach dürfen. Keine eisigen Temperaturen mögen dagegen Rührteige, weil das enthaltene Backpulver nach dem Auftauen nicht mehr wirkt. Der Kuchen geht dann im Ofen nicht auf.

Hausstaubmilben – Auf relaxte Frau Holle machen

Weckerklingeln, Aufstehen, Betten-machen. Damit ist das Schlafzimmer in Ordnung, oder?

Für Ihre Mitbewohner, die Haus-staubmilben, auf jeden Fall! Sie sind überall dort, wo Hautschuppen, Haa-re oder Federn länger liegen bleiben. Deshalb fühlen sie sich auf Matratzen, Kopfkissen oder Bettdecken richtig wohl. Das feuchtwarme Klima im Bett ist ideal für sie. Also machen wir es ihnen mit Frischluft ungemütlich und senken damit gleichzeitig das Risiko für eine Hausstaubmilben-Allergie!

Deshalb nach dem Aufstehen die Bettdecke weit zurückschlagen – ru-hig für einige Stunden. Frischluft mö-gen die nächtlichen Bettgenossen gar nicht. Auch gut: Die Bettdecke am Fenster auslüften lassen. Und ehrlich, brauchen Sie wirklich eine Tagesde-cke? Je luftiger das Bett, desto besser.

HYGIENISCHE NACHTRUHE

Zum Betten-Einmaleins gehört auch das Waschen. Wir verlieren pro Nacht bis zu einem halben Liter Schweiß. »Deshalb spätestens alle zwei Wochen die Bettwä-sche wechseln«, empfiehlt Birgit Billy vom VerbraucherService Bayern in Augsburg. Betten vorsichtig abziehen und nicht aufschütteln, sonst verteilen sich Milben im ganzen Raum. Das Kopfkissen gehört etwa alle drei Monate in die Waschmaschi-ne und das Bett-Inlett sollte einmal im Jahr gereinigt werden. Bei 60 Grad haben Milben und die meisten Keime keine Chance. Daunen-Bettwaren gehören anschlie-ßend in den Trockner. Am besten ist es, immer auf das jeweilige Etikett mit den Pflegehinweisen zu achten.

Die Wahl des Waschmittels –
Pulver sticht flüssig

Waschmittel gibt es flüssig oder als Pulver. Was ist nachhaltiger?

Manche Produkte werden als Bio-, Öko- oder Eco-Waschmittel beworben. Das sind aber keine gesetzlich definierten Begriffe. Die Hersteller verzichten u. a. auf Bleichmittel und optische Aufheller. Das sind Stoffe, die die Umwelt belasten, weil sie schwer abbaubar sind. Allerdings können auch diese Mittel allergieauslösende Stoffe enthalten. Ein Beispiel sind Orangenöle, die zudem schlecht für Wasserorganismen sind.

Bei der Umweltverträglichkeit geht es generell um ein Mehr oder Weniger, denn kein Waschmittel ist umweltneutral.

Die Dosis macht's

Nachhaltig bedeutet auch, auf die Dosierung zu achten. Pulverwaschmittel mit dem Zusatz »kompakt« enthält keine unnötigen Füllstoffe, deshalb reicht hier weniger davon aus. Ein weiteres Plus: Kompaktwaschmittel spart Verpackung, weil sein Volumen geringer ist. Ebenfalls wichtig für die Dosierung ist der Härtegrad des Wassers: Je weicher es ist, desto weniger Waschmittel ist nötig.

Pulver oder flüssig?

Margarete Engel vom Berufsverband Meisterinnen und Meister der Hauswirtschaft Bayern e. V. meint dazu: »Auf jeden Fall das Pulver nehmen, denn Flüssigwaschmittel bilden gerade bei niedrigen Temperaturen auf Dauer einen Biofilm in der Waschmaschine. Das sind Ablagerungen, etwa Keime, die während des Waschens aus der Kleidung herausgespült werden.«

Von wegen billiges Kunstleder – Gute Pflege zahlt sich aus

Neue Lederschuhe vor dem ersten Tragen zu imprägnieren, das ist für die meisten selbstverständlich. Aber Schuhe und Taschen aus Kunstleder? Für sie gilt das Gleiche! Denn sie sind mitunter längst keine Billigprodukte mehr. Solche gibt es natürlich nach wie vor, aber daneben eben auch hochwertige Lederimitate in Designerqualität.

Und das merkt man: Sie fühlen sich gut an, haben keinen unangenehm stechenden Geruch und sind von echtem Leder auf den ersten Blick nicht einmal zu unterscheiden. Und damit das so bleibt, ist gute Pflege nötig. Der erste Schritt heißt: imprägnieren – so empfiehlt es Birgit Billy vom VerbraucherService Bayern: »Dafür gibt es spezielle Imprägniersprays und Pflegeprodukte. Sie sind anders zusammengesetzt als Mittel für echte Lederwaren. Sie enthalten zum Beispiel keine Öle und Fette.« Synthetikleder kann mit der Zeit austrocknen und spröde werden, dann bilden sich kleine Risse. Gute Pflege zahlt sich also durchaus aus, die Produkte sind so unempfindlicher im täglichen Gebrauch.

Schokolade schmelzen – Das richtige Timing bringt den Glanz

Sie ist das Tüpfelchen auf dem i – eine schön glänzende Schokoglasur auf einem Gugelhupf oder einer Schokotarte.

Bei einer fertigen Glasur im Töpfchen geht das mit einem Wasserbad im Handumdrehen. Hier muss man nur darauf achten, dass kein Wasser in die Schokomasse spritzt, sonst bilden sich Klümpchen.

Hochwertiger ist Kuvertüre. Sie schmeckt schokoladiger und enthält oft weniger Zucker. Aber hier ist einiges an Fingerspitzengefühl nötig. Denn erst muss sie geschmolzen, anschließend im Wasserbad unter Rühren auf circa 30 Grad heruntergekühlt werden. Erst jetzt ist es eine schöne streichfähige Schokomasse, die anschließend auf dem Kuchen eine feste, glänzende Glasur bildet. Profis nutzen dafür sogar spezielle Thermometer.

Raffinierter Mix

Der Tipp von Hauswirtschaftsmeisterin Margarete Engel vom Berufsverband Meisterinnen und Meister der Hauswirtschaft Bayern e. V.: »Mischen Sie eine hochwertige Kuvertüre mit einer gängigen Kuchenglasur. Diese Mischung ist leichter zu verarbeiten, und sie garantiert einen schönen Glanz.«

Wäsche trocknen – Väterchen Frost hilft mit

Wäsche trocknen im Freien? Im Sommer durchaus üblich, aber im Winter? Eher ungewöhnlich. Schade. Gerade dann wäre es eine besonders gute Idee! Je kälter, desto besser. Das wussten schon unsere Großmütter.

Wer keinen Wäschetrockner hat und auch keinen Dachboden oder Heizungskeller, der muss seine Wäsche im Bad oder in den Wohnräumen trocknen lassen. Das erhöht allerdings das Schimmelrisiko. In einem Korb mit nasser Wäsche befinden sich immerhin an die zwei Liter Wasser, und die Feuchtigkeit wird beim Trocknen kontinuierlich an die Luft abgegeben.

Eine prima Alternative im Winter ist das Frosttrocknen auf Balkon oder Terrasse. Auch wenn es auf den ersten Blick erst einmal eigenartig erscheinen mag – zunächst eine kleine Nachhilfe aus der Physik: Hier spielt ein thermodynamischer Prozess eine Rolle – die sogenannte Sublimation. Einfach ausgedrückt: Beim Frosttrocknen gefriert die nasse Wäsche zuerst, um dann direkt zu trocknen.

Kleine Ausnahme: Feine Wäsche, wie Seide und Spitze, mag keinen Kälteschock. Die Fasern können durch den Frost sogar Schaden nehmen. Ansonsten gilt: Frosttrocknen ist eine energiesparende, umweltfreundliche Lösung.

Wie der Biskuit gelingt– Fluffig geht ganz leicht

Eier, Zucker, Mehl und Backpulver – nur vier Zutaten braucht ein Biskuit. Aber woran liegt es, wenn er nicht schön locker aufgeht, sondern hart wie ein Brett in der Form liegt? Zwei Punkte sind entscheidend: viel rühren und die Art des Erhitzens. Aber der Reihe nach.

So gelingt der Teig perfekt

Die Eier auf der höchsten Stufe des Rührgeräts so lange schlagen, bis eine helle, cremige Masse entsteht. Dann den Zucker einrieseln lassen und kräftig weiterrühren. Das Volumen nimmt dabei um einiges zu. Das mit dem Backpulver vermischte Mehl nur noch unterheben, sonst fällt die luftige Masse in sich zusammen.

Die Kuchenform lediglich am Boden einfetten, damit der Teig schön aufsteigen kann. Die Form auf das mittlere Gitter stellen und bei Ober-/ Unterhitze auf 175 Grad rund 20 bis 30 Minuten backen.

Extratipp: Noch fluffiger wird der Teig, wenn Sie zuerst das Eiweiß steif schlagen und nach und nach den Zucker dazugeben, bis eine feste, glänzende Masse entsteht. Jetzt erst die Eigelbe unterrühren und weitermachen wie beschrieben.

WASSERBISKUIT

Der feine Biskuitteig bekommt seinen Geschmack durch die Eier und eignet sich bestens für Obstkuchen und Sahnerollen. Eine Ei-reduzierte Variante ist der Wasserbiskuit, der sich für Cremetorten bewährt hat. Ein Ei wird dabei durch drei Esslöffel Wasser ersetzt.

Flugrost am Besteck –
So lässt er sich vermeiden

Kleine braune Punkte am Geschirr oder Besteck sind ein untrügliches Zeichen für Flugrost. Frische Flecken lassen sich durch festes Reiben mit dem Geschirrtuch entfernen. In hartnäckigen Fällen hilft als einfachste Lösung die blaue Seite eines Radiergummis. Spezialreiniger sind nicht nötig. Wenn Sie aber den Auslöser nicht kennen, tritt der Flugrost regelmäßig auf.

Was ist die Ursache?

Mit der Qualität des Geschirrspülers oder des Spülmittels an sich hat es in der Regel nichts zu tun. Die Ursache für Flugrost können Teile sein, die nicht spülmaschinenfest sind, billiges Besteck oder das nicht rostfreie Töpfchen aus dem Urlaub. Auslöser können sogar einzelne Schrauben sein. Oder die Beschichtung des Geschirrwagens ist defekt, und das Metall unter der Kunststoffbeschichtung fängt unbemerkt an zu rosten. Während des Spülvorgangs lösen sich dann Rostpartikel heraus, die in der ganzen Maschine herumwirbeln und sich dann schließlich an Messer und Löffel haften. Je länger sie dort bleiben, umso schwerer sind sie zu entfernen.

Klettverschluss – Mit einer Metallbürste wieder wie neu

Er ist superpraktisch – erst recht für alle, die mit kleinen Kindern bei Wind und Wetter unterwegs sind – der Klettverschluss. Sein Prinzip haben die Forscher der Natur abgeguckt. Aber anders als in der freien Natur haben wir da ein Problem: nämlich wenn die lieben Kleinen mit ihren verdreckten Schuhen oder Stiefeln nach Hause kommen. Wie »eine Klette« hat sich alles Mögliche an den klebrigen Verschluss gehaftet – Schmutz, Sand, Haare und Flusen. Und wie soll das wieder sauber werden? Mit dem richtigen Werkzeug ist das gar kein Problem!

Hilfe aus der Abteilung Tierbedarf

Ein Klettverschluss besteht aus zig winzig kleinen Noppen und Härchen. Die zu reinigen, schafft bestens eine spezielle Metallbürste. Und zwar die, mit der Hundebesitzer jedes Jahr beim Fellwechsel die Unterwolle ihres Vierbeiners entfernen. Diese Drahtbürsten nehmen den Kampf mit jedem Klettverschluss erfolgreich auf. Durchziehen und fertig.

Köstliche Fruchtaufstriche – Ganz ohne Gelierzucker

Erdbeeren, Himbeeren, Brombeeren und Blaubeeren – köstlich zum Sofortnaschen und als eingekochte Konfitüre. Aber da geht noch mehr: Warum soll's nicht mal ein frischer Fruchtaufstrich fürs nächste Sonntagsfrühstück werden? Nur zwei Zutaten sind dazu nötig: Beeren und Agar-Agar. Das ist ein rein pflanzliches, geschmacksneutrales Geliermittel aus getrockneten Algen. Das hellgelbe Pulver lässt sich einfach verarbeiten.

Der Fruchtaufstrich im Handumdrehen

Die gut verlesenen Früchte waschen, zerkleinern und zusammen mit dem Agar-Agar-Pulver aufkochen. Das Pulver löst sich auf und dickt die Fruchtmasse beim Abkühlen ein. Fertig. Ganz ohne Gelierzucker.

Der hat an sich ja noch eine zweite wichtige Funktion – als Konservierungsmittel, das Marmeladen und Konfitüren über Jahre haltbar macht. Das ist aber in dem Fall gar nicht nötig. Ein paar Tage halten die so zubereiteten Früchte auch. Und wer kann diesem natürlichen Genuss schon länger widerstehen – 100 Prozent Fruchtsüße ohne jeden Zuckerzusatz (und entsprechende Kalorien). Der Fruchtaufstrich eignet sich auch prima als gesundes Mitbringsel für den nächsten Brunch bei Freunden!

Putzen – So wird aus der Pflicht eine Fitnesskür

Manche Menschen lieben Hausarbeit. Sie entspannen beim Badputzen und meditieren beim Bügeln. Aber wer mag schon große Fensterflügel reinigen oder die obersten Bretter vom Bücherregal? Auch das hat aber seine Vorteile, denn es ist eine wunderbare Sporteinheit, findet Alexandra Borchard-Becker vom Bundesverband Die VERBRAUCHER INITIATIVE e. V. Und die geht so:

Für Regale und die oberen Küchenschränke ist eine Leiter nötig. Nutzen Sie sie als Trainingsgerät. Die Stufen rauf und runter zu klettern ist wie Treppensteigen gut für die Ausdauer. Damit Sie wirklich noch den letzten Winkel erreichen, ruhig bewusst fest nach oben strecken. Und beim Bücken zu den bodentiefen Fenstern oder der Balkontür ruhig noch ein bisschen tiefer runter. Gerne dabei noch ein- oder zweimal zusätzlich in die Knie und in die Hocke gehen und dann wieder schwungvoll nach oben. Wetten, dass Sie dabei fast ein wenig außer Puste kommen? Gut so! Es geht ja um die Fitness. Und der schöne Nebeneffekt dabei ist, dass Sie beim sportlichen Wohnungsputz einiges an Kalorien verbrauchen. Alexandra Borchard-Becker: »Bei all den Kniebeugen, Dehn- und Streckbewegungen kommen in einer Stunde locker 300 Kilokalorien zusammen. Das ist ungefähr so viel wie bei einer halben Stunde Joggen.« Ein schönes Frühjahrsprogramm – auch für Hausmänner!

Zwiebel schneiden – Kochen ohne Tränen

Sie sind gesund, schmecken frisch wie auch gekocht und sind trotzdem zum Heulen – Zwiebeln! Was uns die Tränen in die Augen treibt, ist ihr natürlicher Schutzmechanismus: Der scharfe Geruch der Schwefelverbindungen soll die Fressfeinde der Lauchpflanze vertreiben.

So schützen Sie sich

• Schneiden Sie die Zwiebeln unter Wasser. So können die tränenauslösenden Stoffe erst gar nicht in die Luft ausströmen. Allerdings bedeutet das unter fließendem Wasser unnötigen Wasserverbrauch. Deshalb ist es besser, das Wasser in eine große Plastikschüssel zu geben. So können Sie es anschließend für den Suppenfond nutzen oder direkt in den Eintopf schütten.

• Ebenfalls bewährt hat es sich, die frische Zwiebel kurz in eine warme Suppenbrühe oder in warmes Wasser zu legen. Der scharfe Geruch ist dann weg, und die Zwiebel lässt sich bequem auf einem Schneidebrett verarbeiten. Auch diese Flüssigkeit können Sie zum Weiterkochen nutzen.

HOLZBRETT OHNE ZWIEBELAROMA

Die Zwiebeln verbreiten ihr Aroma nur noch im Topf, dafür riecht nach getaner Arbeit das Holzbrett nach Zwiebeln. Was jetzt? Sofort mit warmen Wasser abspülen und mit einer halben Zitrone abreiben, kurz einwirken lassen und wieder mit Wasser abspülen. An der Luft trocknen lassen.

Wenn die Sauce ausflockt – Pannenhilfe Eiswürfel

Echt ärgerlich, aber kann jedem passieren: Die Gäste sind schon im Anmarsch, das Essen ist so gut wie fertig und dann das: Die Sauce oder die Suppe flockt aus. Küchenalarm!

Warum gerinnt eine flüssige Speise?

Die Ursache ist eindeutig ein Kochfehler – vielleicht ganz kurz nicht aufgepasst, und schon ist der Topf samt Inhalt viel zu heiß geworden. Falls Sie Sauerrahm, Joghurt oder Schlagsahne dazu gegeben haben, macht sich das Eiweiß »davon«, es trennt sich vom Rest. Das ist der gleiche Prozess, wie wenn ein Ei gerinnt, anstatt zum Beispiel die Reissuppe schön sämig zu machen.

Wenn Saucen und Suppen ausflocken, gibt es eine probate schnelle Hilfe: Schrecken Sie alles ab! Sofort zwei oder drei Eiswürfel in den Kochtopf geben und alles mit einem Schneebesen kräftig verrühren. So lösen sich die Klümpchen im Nu wieder auf. Falls Sie keine Eiswürfel zur Hand haben, nehmen Sie ein wenig kaltes Wasser oder kalte Brühe. Aber ganz wichtig: Jetzt darf nichts mehr aufkochen! Sauce und Suppe sind gerettet und die Gäste können kommen!

Ernährung

Nahrhafte Äpfel –
Die roten sind noch gesünder

Elstar, Braeburn und Jonagold – das sind die Lieblingsäpfel der Deutschen. Gesund sind sie alle, aber noch einen Kick mehr an wertvollen Inhaltsstoffen enthalten die roten. Denn ihr Vitamingehalt ist höher als der der sauren grünen. Braeburnäpfel zum Beispiel haben bis zu 35 Milligramm Vitamin C pro 100 Gramm und damit fast zwei Drittel mehr als der Klassiker »Granny Smith«. Die Schale macht den Unterschied. Die rote Farbe zeigt, dass der Apfel reich ist an sekundären Pflanzenstoffen wie Anthocyanen. Diese natürlichen dunklen Farbstoffe schützen die Früchte in der Natur vor Fraßfeinden. Und auch für uns Menschen sind sie gut: Sie peppen das Immunsystem auf und wirken entzündungshemmend.

In der Schale liegt die Kraft

Deshalb Apfelschnitze besser immer mit Schale essen. Sonst entfernen Sie das Gesündeste am Apfel überhaupt. Direkt unter der Schale sitzen siebzig Prozent der Vitamine und Ballaststoffe. Generell zu empfehlen sind von den rund 2.000 bekannten Apfelsorten insbesondere die alten. Denn neue Züchtungen sind vor allem darauf getrimmt, schnell zu wachsen und möglichst unempfindlich gegen Schädlinge zu sein. Zu den bewährten alten Sorten gehören zum Beispiel Alkmene, Boskop und Cox Orange.

WAS BEDEUTEN BRAUNE PUNKTE AUF DEN ÄPFELN?

Diese sind völlig harmlos und finden sich manchmal auch im Fruchtfleisch. Ursache dafür ist die sogenannte Stippe. Gemeint ist damit ein Kalziummangel der Äpfel. Der kann wetterbedingt auftreten, wenn die Wasserversorgung unausgewogen war. Stippige Früchte können Sie ohne Weiteres essen oder weiterverarbeiten zu Apfelmus oder für den Kuchen. Zum Lagern eignen sie sich allerdings nicht.

Brühwürfel – Selbst gemacht als Pulver oder eingefroren

Würzpaste gibt es in jedem Supermarkt – aber schmeckt sie nicht gleich viel besser, wenn sie selbst gemacht ist? Nach einem Rezept von BAYERN 1-Sternekoch Alexander Herrmann nehme man:

140 g Zwiebeln
60 g Salz
85 g Karotten
65 g Knollensellerie
25 g Lauch
10 g Petersilie
150 g Tomaten

Das Tolle an diesem Rezept: Sie können die Mengen variieren. Wer eher eine süße Komponente mag, nimmt mehr Karotten, wer es lieber herzhafter mag, nimmt mehr vom Lauch.

Und so geht's:

Backofen auf 75 °C (Umluft) vorheizen. Zwiebeln schälen, klein schneiden und mit dem Salz im Blitzhacker mixen. Karotten, Sellerie und Lauch klein schneiden und ebenfalls in den Mixer geben.

Die Petersilienblätter waschen, trocken tupfen und grob hacken. Stielansatz von den Tomaten entfernen, Tomaten klein schneiden und mit der Petersilie unter die Gemüsemischung mixen.

Die Masse in eine Auflaufform streichen und über Nacht (etwa acht Stunden) im vorgeheizten Backofen auf Umluft trocknen lassen.

Danach das Würzpulver noch einmal fein mixen. In einem Schraubglas lässt es sich mehrere Wochen aufbewahren. Oder Sie füllen es in Eiswürfelformen und frieren es ein. Die Dosierung: 1 gestrichener Teelöffel Pulver auf 200 ml Wasser.

Zitronat selber herstellen – Natürlich backen

Zu vielen Weihnachtsplätzchen, Lebkuchen und Christstollen gehört es einfach dazu: das Zitronat. Für den kommerziellen Gebrauch gibt es spezielle Zitronat-Zitronen, aus denen die »Sukkade« – wie sie früher genannt wurde – hergestellt wird. Die braucht es für die heimische Küche nicht. Wer Bio-Früchte kauft, kann es mit ganz normalen Zitronen selbst einmal versuchen. Früchte aus konventionellem Anbau eignen sich nicht. Ihre Schale wird nach der Ernte mit Pflanzenschutzmitteln behandelt und ist deshalb nicht zum Verzehr geeignet. Ernährungsexpertin Heidrun Schubert von der Verbraucherzentrale Bayern empfiehlt dieses Rezept:

2 Bio-Zitronen heiß waschen. Von der Frucht die Schale mit einem scharfen Messer zwei Millimeter dick abschneiden. Einen halben Liter Wasser zusammen mit einer Prise Salz zum Kochen bringen. Die Zitronenschale darin an die 20 Minuten köcheln lassen. Danach das Wasser abgießen und die Schalen mit 2 Esslöffel Honig in einem kleinen Topf erwärmen. Wichtig: immer wieder rühren – so lange, bis der Honig sich völlig aufgelöst hat. Auf ein Backpapier geben und trocknen lassen. Das getrocknete Zitronat in die gewünschte Größe schneiden.

Bananen – Warum waschen wichtig ist

Bananen haben schon eine weite Reise hinter sich, wenn sie bei uns im Supermarkt landen. Und je nachdem, wie sie angebaut wurden, auch schon etliche Behandlungen. Denn sie wachsen meist in riesigen Monokulturen, wo Pflanzenschutzmittel selbstverständlich sind. Nach der Ernte kommen dann oft noch Anti-Schimmel-Mittel dazu, sogenannte Fungizide. Sie sollen verhindern, dass die Früchte auf dem langen Transport anfangen zu faulen. Untersuchungen belegen, dass sich immer wieder Rückstände dieser Mittel auf und in der Schale finden. Darauf macht die Verbraucherzentrale Bayern aufmerksam. Deshalb der Tipp: Bananen vor dem Schälen immer waschen. Und: Kleine Kinder sollten ausschließlich geschälte Früchte in die Hand bekommen. Das gilt auch für Bio-Bananen, obwohl diese in jedem Fall weniger belastet sind.

WAS SIND KOCHBANANEN?

Sie sind die kleineren Geschwister der »klassischen« und genauso gesund wie diese, weil sie ebenfalls wertvolle Inhaltsstoffe wie Kalium und Magnesium enthalten. Ihr hoher Gehalt an Stärke wird allerdings erst durch Erhitzen verdaulich. Sie sind also nicht zum Rohverzehr geeignet. Ihre Farbe verrät, wo sie besonders gut einsetzbar sind: Grüngelbe Früchte machen Suppen und Eintöpfe schön sämig. Gelbe Bananen mit schwarzen Stellen schmecken gekocht, gebraten oder frittiert als Beilage. Und die schwarzen eignen sich, weil sie besonders süß sind, bestens für Desserts.

Essbare Blüten – Hübsche Deko zum Naschen

Nicht nur das Auge isst mit bei den bunten Blüten von Gänseblümchen, Kapuzinerkresse, Löwenzahn, Rosen, Veilchen und Stiefmütterchen zum Beispiel. Die Blüten eignen sich prima als essbare Deko für Salat, Eis und andere Desserts. Und warum nicht einmal ein Butterbrot mit Wildkräutern wie Wiesenschaumkraut oder Gundermann belegen?

Oder Sie machen gleich eine Blütenbutter: dazu Blüten und Blätter fein hacken, mit geschmolzener Butter vermischen und in einer Form im Kühlschrank abkühlen lassen.

Schön und nahrhaft

Die Blüten punkten zusätzlich damit, dass sie gesund sind. Je nach Pflanze enthalten sie B-Vitamine, Mineralstoffe wie Kalium und sekundäre Pflanzenstoffe.

Der beste Zeitpunkt, um sie zu ernten, sind die Morgenstunden, wenn sich die Blüten gerade erst öffnen. In einer flachen Schale mit kaltem Wasser bleiben sie einige Stunden frisch und behalten ihr Aroma.

NICHTS FÜR DEN GAUMEN

Kein Naschwerk sind die giftigen Blüten von Akelei, Christrose, Fingerhut, Maiglöckchen und Oleander sowie Schnittblumen aus dem Handel. Letztere sind in der Regel mit Pflanzenschutzmitteln behandelt und nicht als Lebensmittel zugelassen. Und Blumen am Rand von viel befahrenen Straßen eignen sich verständlicherweise ebenfalls nicht, weil sie mit Autoabgasen und anderen Schadstoffen belastet sind.

Arsen im Reis – Ein einfacher Trick rettet den Reistag

Reis ist ein gesundes Lebensmittel. Was aber ist mit dem giftigen Arsen, das im Reis ganz natürlich enthalten ist? Die Ursache dafür ist keine chemische Behandlung von außen, Reispflanzen ziehen nämlich Arsenverbindungen durch die Wurzeln aus dem Boden. Über den Stoffwechsel der Pflanze gelangen sie schließlich bis in die einzelnen Reiskörner.

Prinzipiell gilt: Brauner Reis, sogenannter Naturreis, ist höher belastet als weißer Reis, bei dem die Randschichten weitgehend entfernt sind. Darauf macht das Bundesinstitut für Risikobewertung aufmerksam.

Was heißt das nun für die Praxis? Besser auf Reisgerichte verzichten? Keineswegs, wenn Sie eine Grundregel beachten: Reis nie direkt aus der Packung verwenden. Machen Sie es wie die Japaner: Reinigen Sie den Reis gründlich, bevor Sie ihn in den Topf oder Reiskocher geben. Es ist wichtig, ihn ausreichend lang unter fließendem Wasser zu waschen oder alternativ in einer Schüssel zu wässern – so lange, bis das Wasser klar ist. Dann sollten die schädlichen Stoffe weitgehend entfernt sein.

Gemüse einfrieren –
Blanchieren nicht immer nötig

Gemüse blanchieren und anschließend einfrieren – das ist die einfachste Methode, es vitaminschonend haltbar zu machen. Auch bleibt so die natürliche Farbe bestens erhalten. Dazu das gewaschene und klein geschnittene Gemüse kurz in kochendes gesalzenes Wasser geben und danach in Eiswasser rasch abschrecken. Sinnvoll ist das beispielsweise bei Blumenkohl, Bohnen, Erbsen, Möhren, Spinat, Mangold und Fenchel.

Aber es geht noch einfacher, denn nicht bei jeder Gemüsesorte ist Blanchieren notwendig. Roh einfrieren lassen sich Pilze, Spargel, Zucchini und Küchenkräuter. Bei Pilzen empfiehlt es sich – ähnlich wie bei Erdbeeren –, sie auf einem flachen Tablett oder Blech vorzufrieren und erst dann in einem Behälter oder einer Tüte zu verpacken.

Wichtig speziell bei Bohnen: Viele frieren sie unblanchiert ein. Das geht durchaus, aber so bleibt das gesundheitsschädigende Lektin erhalten. Das heißt, aufgetaute Bohnen müssen auf jeden Fall gekocht werden, auch wenn Sie sie eigentlich kalt für einen Salat verwenden möchten.

Kochfeste Gewürze –
Farbtupfer mit Mehrwert

Gewürze und Kräuter verwöhnen unseren Gaumen, weil sie Gerichte einfach schmackhafter machen – und gesünder obendrein. Aber welche von ihnen dürfen mit in den Kochtopf und welche nicht?

Hier gibt es eine Faustregel: Eher feste Pflanzenblätter eignen sich zum Mitgaren und -kochen, also zum Beispiel Bohnenkraut, Lavendel, Lorbeer, Oregano, Rosmarin, Salbei und Thymian. Während des Garens entfalten sie ihr Aroma bestens – so wie wir es von Gewürzen wie Kümmel, Nelken und Wacholderbeeren kennen.

Je feiner und zarter dagegen die Blattoberfläche ist, desto empfindlicher reagiert sie auf Hitze. Das gilt für Basilikum, Kerbel, Koriander, Schnittlauch und Zitronenmelisse. Ebenfalls hitzeempfindlich sind Safran, Muskatnuss, Paprika und Pfeffer. Deshalb damit erst nach dem Kochen würzen.

MÖRSER SORGT FÜR MEHR AROMA

Kräuter im Mörser zu zerkleinern bedeutet ein Plus an intensivem Geschmack. Da die Zellen der Kräuter dabei zerstört werden, kann sich das Aroma deutlich stärker entfalten. Das gilt zum Beispiel für Basilikum und Petersilie. Also öfter zum Mörser statt zum Messer greifen!

Fermentiertes Gemüse –
Der milchsaure Genuss

Eine uralte Methode, die im Trend liegt: Gemüse fermentieren – also vergären. Und das funktioniert nicht nur mit Essiggurken und Weißkohl. Bestens geeignet sind zum Beispiel auch Bohnen, Karotten, Paprika, Rote Bete und Zucchini. Fermentiert eignen sie sich als süßsaure Beilage im Salat, auf dem Sandwich oder in der Suppe.

Unkompliziertes Verfahren

»Gewaschenes Gemüse klein schneiden, raspeln oder stampfen und mit gesalzenem Wasser in Schraubgläser geben und diese verschließen. Die Flüssigkeit muss das Gemüse komplett bedecken«, erklärt die Ökotrophologin Gisela Horlemann vom VerbraucherService Bayern. Den Rest erledigen Milchsäurebakterien, die sich von Natur aus auf dem Gemüse befinden. Sie verwandeln den Fruchtzucker unter anderem in Milchsäure, die das Ganze konserviert. Das Grundrezept lässt sich mit Knoblauch, Kräutern oder Gewürzen verfeinern.

Nach etwa einer Woche ist die Fermentation abgeschlossen. Fermentiertes Gemüse ist praktisch und gesund: Die Milchsäurebakterien unterstützen eine gesunde Darmflora und damit das gesamte Immunsystem.

ANDERE LÄNDER, GLEICHE SITTEN

Labneh ist ein fermentierter libanesischer Frischkäse aus Joghurt. Die Koreaner lieben ihr Kimchi, basierend auf asiatischem Rettich und Kohlgemüse. Aus Japan bekannt ist Miso. Für die würzige Paste werden Sojabohnen fermentiert. Aus Ostasien und Osteuropa stammt das Gärgetränk Kombucha. Die Basis sind gesüßter fermentierter Tee und ein spezieller Pilz.

Gesunder Kohl – Ohne unerwünschte Nebenwirkungen

Kohl: Das einheimische Superfood ist leicht zu verarbeiten, schmeckt und ist obendrein gesund. Egal, welche Sorte der großen Pflanzenfamilie Sie nehmen, jede davon ist reich an Kalium, Vitamin A und Folsäure. Ihr Vitamin-C-Gehalt ist so hoch wie der von Zitronen! Alles bestens also – wenn halt nicht der typische Kochgeruch wäre und dann das blähende Hinterher. Geht aber auch anders, denn beides lässt sich – zumindest teilweise – gut vermeiden.

Kohlgeruch – schon, wenn die Wohnungstür aufgeht?

Nicht mit einem kräftigen Schuss Tafelessig im Kochwasser! Essigsäure bindet zuverlässig Gerüche und damit auch die schwefelartigen Ausdünstungen des Kohlgemüses. Und Gewürze helfen dabei, dass das deftige Essen ein bekömmlicher Genuss wird: Kümmel, Fenchel- und Dillsamen oder Anis. Was dem Babybäuchlein guttut, empfiehlt sich genauso für Erwachsene. Die Gewürze kommen ganz oder gemahlen in den Topf. Wer die festen Teile nicht mitessen möchte, kocht sie einfach in einem Gazesäckchen oder Teetütchen mit, das vor dem Servieren rausgenommen wird.

Noch eine Spur raffinierter schmeckt das Gemüse mit ein wenig Curry, geriebenem Muskat oder einer Prise Paprikapulver. Und noch ein Tipp: Spitzkohl ist generell bekömmlicher als andere Kohlarten.

Steinsalz –
Warum Ärzte damit kochen

Mikroplastik – ein globales Umweltübel, das nicht einmal vor unseren Lebensmitteln haltmacht. Die Kunststoffüberreste haben längst in unserer Nahrungsmittelkette Einzug gehalten.

Eines der zahlreichen Beispiele ist Salz. Viele greifen bewusst zu Meersalz, weil es von Natur aus viele verschiedene Mineralstoffe enthält. Aber leider inzwischen zusätzlich auch Spuren von Mikroplastik, die mit bloßem Auge nicht sichtbar sind. Eine Alternative zu Meersalz ist aber schnell gefunden: Steinsalz oder Ursalz, wie es auch genannt wird.

Ernährungsmediziner Prof. Andreas Michalsen von der Charité Berlin empfiehlt: »Auch wenn Feinschmecker auf edles ›Fleur de Sel‹ schwören, das von der Meeresoberfläche per Hand abgeschöpft wird, es ist an der Zeit, Steinsalz gegenüber Meersalz zu bevorzugen.« Denn dieses ist frei von Mikroplastik. Zwar liegt der Ursprung von Steinsalz, das auf dem Land aus unterirdischen Salinen gewonnen wird, ebenfalls im Meer. Aber das ist bereits vor Millionen von Jahren ausgetrocknet, und damals gab es noch kein Plastik.

Filterkaffee – Wie der kultige Braune zum Genuss wird

Ein gelungener Start in den Tag beginnt für viele mit einer Tasse Kaffee. Ziemlich angesagt ist wieder Filterkaffee. Wichtig ist dabei die ideale »brewing ratio«, also das Verhältnis von Kaffeemenge und Wasser. Die Experten der Speciality Coffee Association of Europe (SCAE) empfehlen 60 bis 65 Gramm gemahlenes Kaffeepulver pro 1 Liter Wasser. Umgerechnet also das Verhältnis 1:15.

Und so geht's: Das Pulver langsam mit 1 Liter Wasser überbrühen. Es sollte nicht mehr kochend heiß sein, sondern einige Grad darunter. Ideal ist es, wenn das Wasser vier bis sechs Minuten lang durch den Filter laufen kann – so entfalten sich die Aromen am besten.

SCHON PROBIERT? KALT GEBRÜHTER KAFFEE

Alles andere als kalter Kaffee ist diese recht neue Art der Zubereitung. Der kalt gebrühte Kaffee gilt als besonders magenschonend. Dafür wird grob gemahlenes Kaffeepulver mit kaltem Wasser übergossen. Das Ganze lässt man dann acht bis 24 Stunden bei Raumtemperatur ziehen. (Bewährt haben sich zwölf Stunden.) Danach die Mischung filtern – und fertig. Durch den stundenlangen Kontakt mit Wasser lösen sich mehr Geschmacksstoffe und andere Bestandteile aus den gemahlenen Kaffeebohnen als bei der klassischen Filterzubereitung. Der Koffeingehalt ist gleich hoch, aber der Kaffee enthält so weniger Säure und Bitterstoffe und ist deshalb bekömmlicher.

Acrylamid

Acrylamid – So vermeiden Sie es beim Kochen und Backen

Um Acrylamid ist es relativ still geworden. Um den Stoff, der womöglich Krebs auslöst und deshalb in Lebensmitteln nichts zu suchen hat. Das Risiko ist noch nicht völlig gebannt, obwohl es der Industrie durch verbesserte technische Verfahren mittlerweile gelungen ist, hohe Werte zu senken. Trotzdem drängt die Europäische Kommission für Lebensmittelsicherheit darauf, dass noch mehr getan werden muss bei Brot, Backwaren, Pommes frites und Chips.
Acrylamid bildet sich auch beim Kochen daheim. Es entsteht vor allem beim Backen, Braten, Grillen und Frittieren stärkehaltiger Nahrungsmittel. Ökotrophologin Gisela Horlemann vom VerbraucherService Bayern empfiehlt deshalb: »Runter von den hohen Temperaturen. ›Vergolden‹ Sie Ihre Gerichte anstatt sie zu verkohlen.«

Tipps für die Praxis

- Prinzipiell unter 175 Grad frittieren.
- Konventionelle Fritteusen produzieren weniger Acrylamid als Heißluftfritteusen. Diese kommen zwar fast ohne Fett aus, arbeiten aber oft mit höheren Temperaturen.
- Den Backofen bei Ober-/Unterhitze auf maximal 200 Grad einstellen.
- Zum Anbraten von Fleisch Öle verwenden, die einen hohen Rauchpunkt haben. Gemeint ist damit der Punkt, bei dem sich sichtbar Rauch entwickelt. Höher darf das Fett nicht erhitzt werden. Hitzestabile Ölsäuren sind vor allem in Bratölen aus Raps oder Sonnenblumen zu finden. Olivenöl eignet sich gut zum Anbraten von Gemüse, nicht aber, um Fleisch scharf anzubraten.

Tonkabohnen – Raffiniertes Vanillearoma einmal anders

Lust auf ein eher unbekannteres Geschmackserlebnis? Dann greifen Sie zur Tonkabohne!

Es ist gar nicht so einfach, ihr Aroma treffend zu beschreiben. Die einen erinnert es an Waldmeister, andere dagegen eher an Marzipan, Karamell, Mandeln und – da sind sich alle einig – irgendwie an Vanille.

Bourbonvanille ist teuer, und auch die Tonkabohne war lange Zeit nur der Haute Cuisine vorbehalten. Längst vorbei. Inzwischen gibt es sie im gut sortierten Supermarkt. Und sie ist um einiges erschwinglicher als »echte« Vanille.

Die Bohne ist in etwa so groß wie eine Muskatnuss und kann wie diese auf einer kleinen Reibe gerieben werden. (So ist das Aroma auf jeden Fall intensiver als bei dem ebenfalls erhältlichen verpackten Pulver.) Die Verarbeitung ist denkbar einfach: Das Pulver lässt sich direkt im Teig verarbeiten oder in Milch aufkochen. Eine Messerspitze genügt. Der zarte Vanillegeschmack verfeinert Quarkspeisen und andere Desserts. Prinzipiell passt die Bohne zu allem, wofür auch Vanille geeignet ist. Und die etwas Mutigeren probieren es sogar in herzhaftem Essen – in Wildgerichten zum Beispiel.

Würzen mit Baumblättern –
Außergewöhnlich und nachhaltig

Bei essbaren Baumfrüchten denken die meisten an Kirschen, Pflaumen und Edelkastanien, aber nicht an Blätter, Nadeln, Knospen und Zapfen. Was nach dem kulinarisch letzten Schrei klingt, hat schon jahrhundertealte Wurzeln. BAYERN 1-Pflanzenexpertin Karin Greiner hat das Wissen darum aufgefrischt für die moderne Küche von heute.

So taucht sie etwa im Frühjahr die Triebspitzen von Fichtenzweigen in flüssige Schokolade und nennt ihr Dessert »Wald in Schoko«. Im Herbst sammelt sie Blätter, lässt sie trocknen und zermahlt sie anschließend. Fertig ist die Basis für ungewohnte Gewür-

ze. Wer weiß schon, dass Eichen- und Pappelblätter eine ähnliche Würzkraft wie Lorbeerblätter besitzen?! Walnussblätter gehen geschmacklich in Richtung Pfeffer, und Ahornblätter geben ein nussiges Aroma.

Doch damit nicht genug mit der nachhaltigen Baumausbeute im Herbst: Die Blätter von Ahorn, Buche, Pappel und Ulme können in Pulverform bis zu zwanzig Prozent des Mehls in Weihnachtsplätzchen und anderen Backwaren ersetzen. Eine raffinierte Note ist garantiert.

Lindenblätterpesto

2 Knoblauchzehen
20 g Pinienkerne
1 kleine Peperoncini
2 Handvoll Lindenblätter (möglichst zarte, weiche)
3–4 EL Olivenöl
Salz, Pfeffer u. ein wenig abgeriebene Bio-Zitronenschale

Alle Zutaten zu einer cremigen Masse pürieren und mit Salz, Pfeffer und etwas Zitronenschale würzen. Passt gut zu Vollkornnudeln oder als Brotaufstrich.

Resistente Stärke – Sie macht Kartoffeln bekömmlicher

Essensmythen halten sich hartnäckig. Zum Beispiel: Kartoffeln machen dick. Klar – bei fettigen Bratkartoffeln, Pommes frites oder einem Kartoffelsalat mit reichlich Mayonnaise ist das Hüftgold nicht weit. Das liegt aber an der Zubereitung, nicht an der Kartoffel selbst. Die enthält pro 100 Gramm nämlich nur rund 70 Kilokalorien!

Zauberwort: Resistente Stärke

Trotzdem ein kleiner Trick, wie Sie bei Kartoffeln ganz nebenbei Kalorien sparen können. Das entscheidende Stichwort heißt: resistente Stärke. Der Ernährungsmediziner Prof. Andreas Michalsen von der Charité Berlin erklärt: »Sie bildet sich immer, wenn Kartoffeln abkühlen. Dabei ändert sich bei einem Teil der Kartoffelstärke die mikroskopische Struktur.« Die Folge: Dieser Teil kann nicht verdaut

werden. Ähnlich wie Ballaststoffe wird diese resistente Stärke also nicht verwertet und schlägt sich damit nicht auf dem Kalorienkonto nieder. Das gilt auch, wenn Sie die Kartoffeln später wieder erwärmen – zum Beispiel im Backofen.

Das Prinzip der resistenten Stärke gilt erfreulicherweise ebenso für Nudeln und Reis. Ein Nudelsalat ist demnach für Figurbewusste eher zu empfehlen als etwa frisch gekochte Spaghetti, vorausgesetzt natürlich, die übrigen Zutaten bleiben die gleichen.

Bier

Kochen mit Bier – Mehr als ein Trinkgenuss

Das flüssige Lebenselixier Bier ist viel zu schade, um es nur zu trinken! Es kann nämlich Teige fluffiger und Saucen würziger machen. Allerdings bedarf es dabei eines gewissen Fingerspitzengefühls. Die Dosis muss stimmen und die Art des Bieres. BAYERN 1-Sternekoch Alexander Herrmann verrät: »Durch den Hopfen kann ein Gericht schnell eine unerwünscht bitterere Note bekommen. Was mich reizt, ist eher dieses Malzige, die leichte Süße von einem alkoholfreien Malzbier.«

Wer es doch ein wenig herzhafter mag, kann generell auch ruhig ein, zwei Spritzer von einem hellen Bier dazugeben. Ein vergleichbarer Effekt lässt sich durch das geröstete Malz in einem dunklen Vollbier erreichen – zum Beispiel bei einem Schweinsbraten mit Biersauce.

DER KLASSIKER: BIERSAUCE

Das Rezept von Alexander Herrmann passt zu Schweinsbraten und Nackensteaks. Für vier Personen 3–4 Zwiebeln anschwitzen, ein wenig Speck dazu, mit einer halben Flasche Malzbier ablöschen und kurz einkochen. Rund 0,25 Liter Brühe dazugießen, aufkochen und ziehen lassen. Abgerundet wird das Ganze durch Kümmel und ein wenig Abrieb einer Bio-Orangenschale – die Aromen harmonieren bestens miteinander. Jetzt durch ein Sieb passieren.

Wer die Sauce etwas sämiger mag, kann als Option noch eine Mehlbutter dazugeben: Sie besteht zu gleichen Teilen aus Mehl und Butter. Auf einen halben Liter Sauce rechnet man 1 Esslöffel Mehlbutter, nach Zugabe noch einmal aufkochen lassen.

In jedem Fall alles mit zwei Löffeln Butter durchmixen. Erst ganz zum Schluss kommen noch einmal zwei bis vier Zentiliter (cl) Malzbier dazu. Nach Wunsch mit Majoran und anderen Kräutern abschmecken.

Das kleine Erdbeerglück –
Gesalzen statt gezuckert

Sie schmecken pur, gezuckert, mit Sahne oder mit Eis – egal wie, Erdbeeren sind kulinarische Allrounder. Aber Erdbeeren mit Salz? Ganz richtig. Salz gibt ihrem Aroma gleich noch einen Extrakick. Das ist vergleichbar mit Kuchenteig, der in den meisten alten Rezepten immer noch eine Prise davon enthält.

Verkürzt ausgedrückt: Salz macht Süßes noch süßer. Es ist ein natürlicher Geschmacksverstärker. Prinzipiell gilt aber: Die salzige Note gehört nur fein dosiert.

Süßes und Salziges – diese Kombi überzeugt auch BAYERN 1-Sternekoch Alexander Herrmann. Sein Tipp: ein Dessert erst zum Schluss damit abschmecken, auf keinen Fall schon bei der Zubereitung verwenden.

Kein Risiko, dass es versalzen schmeckt, gehen Sie ein, wenn Sie Früchte oder Süßspeisen mit ein oder zwei Salzflakes pro Portion dekorieren. Die Flakes gibt es fertig im Handel zu kaufen. Sie sind unter anderem ein prima Topping bei selbst gemachter dunkler Mousse au Chocolat. Das bringt, wie Alexander Herrmann es nennt, »einen kleinen geschmacklichen Hallo-Wach-Moment.«

Vitaminkick Tomatenmark – Rohes Gemüse ist nicht immer gesünder

Möglichst frisch und knackig – ist das nicht am gesündesten? Sicher, ein Teil der wertvollen Vitamine geht beim Kochen verloren. Und trotzdem ist Rohkost nicht immer die beste Wahl.

Manche Gemüsesorten sind gegart bekömmlicher

Zum Beispiel Spinat: roh eine beliebte Zutat in Smoothies oder als Babyspinat im Salat. Es ist aber ratsam, Spinat leicht zu kochen. Denn er enthält viel Oxalsäure – genauso wie Rhabarber und Mangold. Ungünstig ist, dass diese Säure Mineralstoffe wie Kalzium bindet, wodurch sie für den Körper wertlos werden, da er sie nicht verstoffwechseln kann. Wenn Sie Spinat dünsten, verringert sich der Gehalt an Oxalsäure.

Bissfest garen ist bei Karotten angesagt, am besten zusammen mit ein wenig Öl oder Butter. So wird das enthaltene Beta-Carotin, das den schönen Orangeton gibt, in Vitamin A umgewandelt. Dieses gilt als »Augen-Vitamin«, weil es das Sehen stärkt. Fakt ist – so Ernährungswissenschaftlerin Daniela Krehl von der Verbraucherzentrale Bayern –, »dass Vitamin A für uns viel besser zu verwerten ist, wenn die Karotten leicht blanchiert wurden.« Blanchieren bringt also gesundheitlich mehr, als nur roh knabbern.

Ausgesprochene Wärmefans sind auch Tomaten – beim Wachsen im Garten genauso wie im Topf. Erst beim Kochen oder Dünsten setzen sie ihren sekundären Pflanzenstoff Lykopin in großen Mengen frei, der sich vor allem positiv auf das Herz-Kreislauf-System auswirken soll. Tomatensauce und Tomatenmark haben also nicht nur ihre geschmacklichen Vorteile.

Beeren aufbewahren – So bleiben die süßen Früchte länger frisch

Im Geschäft schauen sie verführerisch frisch aus – und das sollen sie auch genauso daheim für ein oder zwei Tage bleiben! Deshalb Erdbeeren, Himbeeren, Johannisbeeren und all die anderen beerigen Köstlichkeiten sofort nach dem Einkaufen aus der Schale nehmen. Vielleicht haben sich doch ein paar faulige Stellen versteckt, die Sie übersehen haben. Faulige Früchte sofort entfernen. Das Risiko, dass sich inzwischen schon Schimmelsporen verteilt haben, ist ziemlich hoch.

Aber mit diesem einfachen Trick haben Keime keine Chance: Geben Sie die Früchte in eine Schüssel mit verdünntem Essigwasser! Alle müssen kurzzeitig eintauchen. Der Essig desinfiziert zuverlässig, und die Angst, dass die Beeren jetzt einen Essiggeschmack annehmen, ist unbegründet. Nach dem Essigbad kurz unter laufendes Wasser halten und dann gut trocknen lassen – am besten auf einem Küchentuch. Es darf keine Restfeuchtigkeit übrig bleiben, denn die wäre ein idealer Nährboden für erneuten Schimmelbefall. Die getrockneten Früchte möglichst kühl aufbewahren, zum Beispiel im Gemüsefach des Kühlschranks.

Der grüne Salon

Wintergärtnerei – Gute Ernte in der kalten Zeit

Wer sagt denn, dass das Gartenjahr im Herbst zu Ende ist? Für manche Gärtner geht es dann einfach in die nächste Runde. Das hat Vorteile: weniger Unkraut und Schädlinge zum Beispiel. Viele Gemüse brauchen auch gar kein Gewächshaus und keine Folientunnel. BAYERN 1-Pflanzenexpertin Karin Greiner weiß: »Groß im Kommen sind Wintersalate. Aber wichtiger Tipp: nie ernten, wenn die Blätter gefroren sind! Wenn man sie anfasst, geht das empfindliche Gewebe sofort kaputt. Nach dem Auftauen ist alles Matsch.«

Nach der Ernte ist vor der Ernte

Der ideale Zeitpunkt für die Aussaat sind die Monate August (Mangold, Pak Choi, Zuckerhutsalat, Grünkohl, Rote Bete, Schwarzwurzeln) und September (Feldsalat, Radieschen). Spinat kann von August bis Oktober ausgebracht werden.

Schwarzwurzeln, Spinat, Mangold, Karotten und Steckrüben überstehen problemlos etwas Frost. Für anhaltende Frosttage empfiehlt sich ein schützendes Vlies, das es in jedem Gartencenter gibt. Rosen- und Grünkohl entwickeln durch Frost erst ihr Aroma! Anders als Rote Bete: Sie muss aus dem Boden, bevor sie durchgefroren ist.

Wintergemüse schmecken oft einen Kick süßer als ihre Sommergenossen, denn durch die Kälte wandeln sie Stärke teilweise in Zucker um.

Terrakotta – So trotzt die Tonware der Kälte

Nicht alle Töpfe aus Terrakotta (übersetzt aus dem Italienischen: »gebrannte Erde«) überstehen Frost. Hier gibt es erhebliche Qualitätsunterschiede. Der Handel ist erfinderisch und spricht unter anderem von »winterhart« und »winterfest«. Aber das ist nicht dasselbe wie »frostsicher« oder »frostfest«!

BAYERN 1-Pflanzenexpertin Karin Greiner empfiehlt: »Ich rate dringend dazu, sich vor dem Kauf garantieren zu lassen, wie viele Minusgrade das Gefäß tatsächlich aushält. Bei Qualitätsware gibt es auf jeden Fall ein Zertifikat.«

Grob unterscheiden lassen sich drei Kategorien: einfache Terrakotta, winterharte oder winterfeste Terrakotta und frostsichere Terrakotta. Bei Letzterer kann ein kleiner Topf an die fünfzig Euro kosten, je nach Größe sind auch einige Hundert Euro möglich.

Tipps für frostsichere Terrakotta

Aber auch frostsichere Töpfe dürfen keinen direkten Kontakt zum Boden haben, sie sollen sich nicht durch Eis und Schnee mit Flüssigkeit vollsaugen und dann womöglich am Untergrund festfrieren. Für die nötige Durchlüftung sorgen kleine Klötzchen, Holzdielen oder spezielle Unterlegmatten.

Solistin Narzisse – Tricks für die Vase

Ein bunter Frühlingsstrauß mit Tulpen und Narzissen – schon geht im Zimmer die Sonne auf! Leider für nicht lange, denn Narzissen sondern einen Schleim ab, der andere Blumen eingehen lässt. Nutzen Sie deshalb zum Kombinieren das Prinzip »Matrjoschka«: So wie die kleinen Puppen ineinander geschachtelt werden, machen Sie es mit der Vase: Stellen Sie in diese ein kleineres Glasgefäß hinein, zum Beispiel eine schmale Flasche oder ein Reagenzglas. Durch das getrennte Wasser sollte nichts mehr passieren.

Trick für weite Vasen

Es gibt tolle breite Vasen, aber kaum so ausladende Sträuße, die sie dekorativ ausfüllen. Dieser Trick hilft: Bekleben Sie die Öffnung des Gefäßes mit einem transparenten Malerband in Form eines Gitters – fertig ist die unsichtbare Steckhilfe.

PFINGSTROSEN ALS SCHNITTBLUMEN

Bei Stängeln mit Knospen sollten Sie nur die verwenden, die nicht mehr ganz grün sind, die Blütenfarbe sollte schon zu sehen sein. Nur dann blüht die Knospe in der Vase auf. Damit sie dafür alle Kraft aufwenden kann, entfernen Sie alle Blätter. Die Stiele mit einem scharfen Messer anschneiden und sofort in lauwarmes Wasser stellen. Auch hübsch: Pfingstrosen als Schwimmblüten! In einer großen Schale mit Wasser halten sich Schnitt-Pfingstrosen sogar am längsten.

Weihnachtsstern im Sommer – Er grünt so grün

Rot, lachs- oder cremefarben, weiß und gelb – der Klassiker »Weihnachtsstern« wartet in vielen Farbnuancen auf. Im Januar ist seine Hochzeit vorbei, aber gute Pflege belohnt er im nächsten Winter erneut mit bunten Blättern.

Zunächst aber braucht er am Jahresanfang eine Ruhephase und sollte nicht zu viel gegossen werden. Als tropische Pflanze mag er es hell und warm, aber trotzdem keine volle Sonne. Ideal ist, ihn regelmäßig in Wasser einzutauchen und dann gut abtropfen zu lassen.

Gottfried Röll von der Bayerischen Landesanstalt für Weinbau und Gartenbau in Veitshöchheim erklärt: »Ende April, Anfang Mai ist die Zeit, ihn umzutopfen, denn für neue bunte Blätter braucht er neue Kraft.«

Dafür muss er auch ab Oktober für zwölf bis vierzehn Stunden komplett dunkel stehen. Am besten einen Karton oder Eimer überstülpen, nur dann treibt er es zur Hauptsaison im Advent wieder bunt.

STECKLINGE ZIEHEN

Profigärtner schneiden im Mai von der Mutterpflanze Stecklinge. Dass dabei weißer Milchsaft austritt, ist harmlos. Die Triebe sollten jeweils etwa zehn Zentimeter lang sein, zwei voll ausgebildete Blätter und dazu noch zwei kleinere haben. Den Steckling setzen Sie am besten in ein nährstoffarmes Vermehrungssubstrat, das es im Gartenfachgeschäft gibt.

Herbstlaub einsetzen –
Der natürliche Schutz

Manchmal liegt das Beste direkt vor der eigenen Haustür! Herbstlaub zum Beispiel, das sich hervorragend als natürlicher Mulch und Dünger nutzen lässt. Auch wenn ein Laubhaufen einen guten Winterschutz für Igel und Winterbienen bietet, sollten die Blätter auf keinen Fall großflächig auf dem gesamten Rasen liegen bleiben. Dafür sind sie aber ein Gewinn an anderen Stellen im Garten.

Auf die Baumart kommt es an

Allerdings eignen sich nicht alle Blätter für alles gleich gut. Das Laub von Obstbäumen, Ahorn, Linde und Hain-buche etwa verrottet ziemlich schnell und ist deshalb ein guter Winterschutz für Sträucher und Beete. Es zersetzt sich und liefert dann wertvollen Humus.

Blätter von Walnussbäumen und Eichen verrotten dagegen schlecht, sie haben aber einen anderen Vorteil: Ihr hoher Gehalt an Gerbsäure eignet sich als Langzeitdünger für Heidelbeeren und Rhododendron.

Damit Laub gut verrottet, brauchen die Bodenorganismen – als eine Art »Anschub« – ausreichend Stickstoff. Den liefern Rasenschnitt sowie Hornmehl und Hornspäne.

Veredeltes Gemüse –
Aus zwei mach eins

Auberginen, Gurken, Melonen, Paprika und Tomaten gibt es oft als »veredelte« Setzlinge zu kaufen. Diese kosten mehr, aber lohnt sich das auch? Die Antwort ist ein eindeutiges Ja!

Was bedeutet »veredeln«?

Bei Rosen wird es schon lange gemacht und inzwischen ebenso erfolgreich im Gemüsegarten: Veredeln ist eine spezielle Art der Anzucht. Der untere Teil samt Wurzel stammt dann von einer Wildsorte, der obere von einer Hochzuchtsorte. Beide Pflanzen wachsen anfangs getrennt voneinander heran, bis jede für sich durch einen Schnitt halbiert wird. Die jeweiligen Teile werden dann miteinander »verbunden«. Bei veredelten Tomaten etwa wird auf eine Wildtomate eine Fruchtsorte aufgepfropft. So entsteht eine Pflanze mit neuen Eigenschaften und einem Plus an Qualität: Veredelte Pflanzen sind widerstandsfähiger gegenüber Schädlingen, sie wachsen schneller und geben höhere Erträge. Die Mehrkosten rechnen sich also.

Beim Umtopfen oder Ausbringen in den Boden gibt es nur eins zu beachten: Die verbindende Veredelungsstelle muss frei bleiben, denn unter die Erde verwächst sich der erwünschte Effekt.

Bio-Pflanzenschutzmittel – Aus dem Garten für den Garten

Wildkräuter jäten und ab in die Biotonne? Viel zu schade darum! Wer sie nicht essen mag, kann sie als Pflanzenstärkungsmittel nutzen. Ideal sind zum Beispiel Beinwell, Brennnessel und Giersch. BAYERN 1-Pflanzenexpertin Karin Greiner empfiehlt: »Alles grob hacken und in einen Eimer mit Regenwasser geben. 24 bis 48 Stunden stehen lassen und fertig ist der Flüssigdünger.« Der große Vorteil davon: Anders als bei lang angesetzter

Pflanzenjauche bildet sich kein unangenehmer Geruch. Denn zum Vergären ist die Zeit zu kurz und die Gärtnernase bleibt verschont. Die übrig gebliebenen festen Teile eignen sich außerdem als Mulch.

Flüssige Pflanzenmedizin

Ein anderes Stärkungsmittel ist Tee aus Schachtelhalm, auch als Zinnkraut bekannt. Wertvoll ist sein hoher Gehalt an Kieselsäure.

Und so geht's: 100 Gramm frisches oder 15 Gramm trockenes Acker-Schachtelhalmkraut mit 1 Liter Wasser aufkochen und 15 bis 20 Minuten leicht köcheln, abseihen und abkühlen lassen. Der Tee wirkt vorbeugend gegen Pilzkrankheiten wie Echten und Falschen Mehltau, Grauschimmel, Rosenrost, Sternrußtau, Monilia und Schorf.

Karin Greiner rät, Pflanzen mit dem Tee von Mitte April bis August einmal pro Woche zu besprühen.

Flechten an Bäumen – Gesunde Patina

In einem alten Garten gehören sie einfach dazu: Flechten, die sich an den Baumstämmen absetzen. Viele halten sie für schädlich. Aber Entwarnung, sie sind harmlos! Flechten wachsen als eigenständige Organismen auf den Gehölzen, ziehen also keine Nährstoffe ab. Sie sind eine Symbiose aus Pilzen und Algen und sind äußerst genügsam, da sie sich von dem ernähren, was die Luft ihnen bietet. Je nach Flechtenart können sie sogar auf Gestein, wie Granit oder Kalkstein, wachsen – und das in einer Höhe von bis zu 3.000 Metern.

Einfach abbürsten

Wer Flechten dennoch etwas eindämmen möchte, kann sie mit einer Drahtbürste entfernen. Bei Hochstämmen oder Obstbäumen helfen sogenannte Baumkratzer. Dabei geht zusammen mit der Flechte auch lose Borke weg. Das ist im Herbst vorteilhaft, weil dahinter gerne Schädlinge überwintern. Wer anschließend noch einen Kalkanstrich macht, schützt den Baum vor allzu großen Temperaturschwankungen bei Frost, weil die weiße Farbe Sonnenstrahlen reflektiert.

Nur bei geschwächten Pflanzen sollten Flechten immer entfernt werden, damit sie nicht Triebspitzen und Knospen überwuchern. Aber das ist äußerst selten.

Erntezeit – Mit Organzasäckchen heißt's »Naschen verboten«

Kaum sind Blau-, Brom- und Himbeeren endlich reif, sind die gefiederten Naschmäuler schon zur Stelle und ernten fleißig mit. Mit Organzasäckchen oder feinen Netzen können Sie die ungebetenen Tafelgäste aber davon abhalten.

Die feinen Stoffsäckchen haben dazu einen weiteren Vorteil: Sie schützen die Früchte vor allzu starker Nässe. Besonders Tafeltrauben können durch anhaltenden Regen aufplatzen und so eine Pilzinfektion bekommen. Eine ausreichende Luftzufuhr ist trotz der Säckchen gesichert.

Schließlich warten die textilen Helfer noch mit einem anderen Vorteil auf: Sie schützen zuverlässig vor bestimmten Schädlingen. Im Obstgarten ist zum Beispiel die Kirschessigfliege gefürchtet, die – anders als der Name vermuten lässt – nicht nur Kirschbäume befällt. Die Weibchen gehen gezielt an fast reife, intakte Früchte und legen ihre Eier unter der Fruchthaut ab. Deshalb empfiehlt es sich, die feinen Säckchen bereits über die noch unreifen Beeren zu stülpen. Im naturnahen Garten ist Vorbeugen noch immer der beste Pflanzenschutz!

Erdkühlschrank – Erntefrisch natürlich lagern

Was ist im Winter der beste Ort für Lagergemüse? Ein kühler Keller. Wer einen Garten hat, kann sein Gemüse aber auch draußen lagern: in einem Erdkühlschrank nämlich! Kartoffeln, Karotten, Rüben und Sellerie sind dort bestens geschützt.

Aber was ist das – ein Erdkühlschrank? Gemeint ist damit kein raffiniertes technisches Gerät, sondern ein Eimer, eine kleine Plastiktonne oder die Trommel einer ausrangierten Waschmaschine. Egal was davon, der genutzte Behälter muss in jedem Fall im Boden eingegraben werden.

Selbstversuch vom Profi

Gottfried Röll von der Bayerischen Landesanstalt für Weinbau und Gartenbau in Veitshöchheim hat es mit einer Waschmaschinentrommel selbst ausprobiert. »Als Untergrund habe ich Sand mit Blähton vermischt. Und oben drauf eine Styroporplatte als Frost-

schutz gelegt. Das war alles. Das Gemüse habe ich nur abgebürstet, aber ungewaschen gelassen. Es hat bis zum Folgejahr wie erntefrisch geschmeckt.« Wichtig ist, dass das jeweilige Gefäß gut mit einem Deckel verschlossen wird. Sonst finden sich schnell andere Mit-Esser. Mäuse zum Beispiel. Als isolierende Abdeckung eignet sich auch eine Noppenfolie oder Ähnliches.

Ernten nach der Sonnenuhr –
Die Tageszeit macht's

Gibt es einen idealen Zeitpunkt, um zu ernten? Antwort: eindeutig ja!

Damit Blumen ihre volle Kraft in der Vase entfalten, sollte der Schnitt möglichst in den frühen Morgenstunden erfolgen. Dann, wenn die Knospen noch etwas geschlossen sind und der Stoffwechsel erst anfängt zu arbeiten. Bei Kräutern ist eher der späte Vormittag zu empfehlen. Da sind ihre wertvollen Inhaltsstoffe, die geschmacksintensiven ätherischen Öle, am reichhaltigsten. Wenn der Pflanzenstoffwechsel am aktivsten ist, profitieren wir von ihrem vollen Aroma.

Anders ist es bei Gemüse: Natürlich schmecken Salate und andere Gemüse am besten, wenn sie möglichst frisch, also zeitnah nach der Ernte gegessen werden. Aber je später am Nachmittag das ist, desto gesünder sind sie. Denn am frühen Sommerabend ist der Nitratgehalt am niedrigsten. Je länger die Sonne scheint, umso mehr Zeit hat die Pflanze, Nitrat abzubauen. Hohe Nitratwerte sind zu vermeiden, weil sie im Körper zu ungesunden Verbindungen umgewandelt werden können.

Winterblues bei Zimmerpflanzen – Wir wollen Licht!

Im Winter vermissen nicht nur wir die Sonne. BAYERN 1-Pflanzenexpertin Karin Greiner erklärt: »Pflanzen brauchen vor allem die roten und blauen Farbanteile des Lichts. Wenn wir noch ganz gut sehen, herrscht für Pflanzen meist schon tiefste Dunkelheit.« Dann funktioniert ihr Stoffwechsel nicht mehr. Deshalb müssen sie direkt ans Fenster. Schon zwei Meter davon entfernt, ist es für sie oft zu dunkel. Denn auch Zimmerpflanzen sind ja an sich das Licht in natürlicher Umgebung gewohnt. Ein untrügliches Zeichen ist, wenn sie Blätter verlieren oder keine neuen mehr bekommen. Selbst die beste Pflege kann den Energielieferanten Licht dann nicht ersetzen.

Es werde Licht

Die einzige Rettung für alle, die keinen Platz an der Sonne haben, ist eine spezielle Pflanzenleuchte. Karin Greiner ergänzt: »Normale Glühbirnen oder LED-Lampen bringen nichts, das Licht muss auf die Bedürfnisse unserer grünen Mitbewohner abgestimmt sein.«

Die nötige Leuchtdauer hängt von der Pflanzenart ab: Bei rein grünen kann sie kürzer ausfallen als bei blühenden Exemplaren wie Callas, Hibiskus und Orchideen sowie bei Pflanzen mit bunten Blättern, wie dem Kroton etwa. Bei zu wenig Lichteinstrahlung werden dessen Blätter übrigens grün. Generell gibt es dazu gezielte Informationen im Gartenfachhandel.

Kompost

Was darf in den Kompost –
Auch Humus steht auf Bio

Er ist ein wahrer Schatz im Garten – der Komposthaufen, der wertvollen Humus liefert. Kompostieren – »das älteste und einfachste Recyclingverfahren der Welt«, wie das Umweltbundesamt feststellt. Aber dürfen eigentlich alle organischen Abfälle in den Kompost? Ausgepresste Orangenschalen genauso wie Eierschalen und überfällige Schnittblumen?

Einfach alles achtlos hineinwerfen ist nicht sinnvoll. Unbedenklich sind im Normalfall trockener Rasenschnitt, Reisig, Laub, Reste von Beet- und Balkonpflanzen, verbrauchte Blumenerde sowie Gemüse- und Obstreste. Aber bei Letzterem gibt es bereits Einschränkungen: Nur die Schalen von Bio-Zitrusfrüchten und -Bananen sollen hinein. Konventionelle Ware ist zu stark mit Chemikalien behandelt.

Was darf nicht in den Kompost?

Pflanzenteile, die von Schädlingen befallen sind, zum Beispiel dem Buchsbaumzünsler, sind tabu. Sie gehören in die Restmülltonne – genauso wie unerwünschte Wildkräuter, die bereits Samen gebildet haben, und konventionell gezüchtete Schnittblumen, weil sie mit Pestiziden belastet sind. Ebenfalls ungeeignet sind Eierschalen, gekochte Essensreste, Brot und Knochen. Das alles lockt Mäuse und Ratten an.

AUF DIE MISCHUNG KOMMT ES AN

Damit die Verrottung optimal gelingt, sind zwei Dinge wichtig: eine abwechslungsreiche Mischung aus Rasenschnitt, Fallobst und Küchenresten sowie eine gute Durchlüftung, damit es im Kompost nicht zu feucht wird. Für die unterste Schicht, die oft zu wenig Sauerstoff abbekommt, eignen sich Rindenmulch, Gehölzhäcksel oder Stroh. Generell sollte man große Äste und Büsche grob zerschneiden, bevor man sie kompostiert. So brauchen sie weniger Platz, und die Schnittstellen machen es den Mikroorganismen leichter, das Holz zu zersetzen.

Hortensien

Powerbällchen Hortensie –
Wassertrick für heiße Sommer

Prächtige Blüten brauchen unsere volle Aufmerksamkeit! Bei Hortensien heißt das, den Untergrund nie zu trocken werden lassen, denn dann lassen sie sofort beleidigt ihre bunten Köpfe hängen. Schade drum ...

Bei anhaltender Hitze empfiehlt es sich, sie unbedingt morgens *und* abends zu gießen. Denn die Dauerblüher verdunsten über ihre vielen grünen Blätter jede Menge Wasser.

Schnelle Hilfe für ein paar Tage

Falls Sie über das Wochenende verreisen, hat Bayern 1-Pflanzenexpertin Karin Greiner einen speziellen Tipp: »Besorgen Sie sich für ein paar Euro einen Maurerkübel aus Kunststoff und bohren Sie ein kleines Loch in seinen Boden, dann ab damit und direkt neben die Hortensie ins Beet stellen. Voll mit Wasser füllen und fertig ist die Tränke für die Immerdurstige.« Das Wasser kann so nämlich langsam durch das kleine Loch in den Wurzelbereich der Pflanze sickern. Damit es gut vorhält, das Beet zudem ausgiebig wässern. So werden Hortensien voll ihren oft beworbenen Eigenschaften wie »forever« und »endless« gerecht.

Zimmerazaleen – Sattes Grün und viele Blüten

Azaleen blühen monatelang und sind noch dazu relativ einfach in der Pflege. Sie legen nur eine kurze Blühpause ein. In dieser Zeit leben sie auf Sparflamme und sollen nicht gedüngt werden. Im Sommer dürfen sie raus auf die Terrasse gebracht oder sogar ins Beet gepflanzt werden.

Azaleen mögen es sauer

Azaleen brauchen ein saures Milieu, deshalb sollten Sie beim Umtopfen keine normale Blumenerde verwenden, sondern Rhododendronerde.

Sensibel reagieren sie auf ein falsches Gießverhalten. Sie dürfen nicht austrocknen, ein Platz am Südfenster oder generell auf dem Fensterbrett über der Heizung ist nichts für sie. Ebenso wenig mögen sie kalkhaltiges Leitungswasser. Wer in einer Region mit hartem Wasser wohnt – beim lokalen Wasserversorger nachfragen! – kann aber mehrere einfache Tricks nutzen: Tabu ist, das frische Wasser aus der Leitung zu verwenden. Die Alternativen: entweder das Wasser über Nacht in der Gießkanne stehen lassen oder das Wasser abkochen und abkühlen. Noch einfacher ist es, Regenwasser zu verwenden. Es ist das weichste Gießwasser überhaupt.

Tomaten pflegen – Energieschub durch Entblättern

Machen Sie es wie die Profis: weg mit wuchernden Tomatenblättern! Bei niedrigwachsenden Züchtungen und bei Buschtomaten reicht es, kranke oder verfärbte Blätter zu entfernen.

Anders ist es bei hochwachsenden Stabtomatensorten. Hier lässt sich der ganze untere Bereich schadlos entblättern, denn der größte Teil der Photosynthese findet in den obersten Blättern statt. Sie schaden also der Pflanze nicht, sondern erleichtern sich das Gießen und Wässern um einiges, und die Pflanze wird besser durchlüftet.

So entblättern Sie richtig

Es reicht, die Blätter einfach von Hand abzubrechen, ein Messer oder eine Schere sind unnötig. Gut gedüngte Tomatenpflanzen wachsen unentwegt und bilden ständig neue Triebe. Auch hier heißt es, nachzuhelfen und sie entfernen. Denn je mehr die Pflanze wächst, desto mehr Energie investiert sie in ihre Blätter – zulasten der Früchte. Diese bleiben dann wesentlich kleiner.

Auf der anderen Seite sollte aber nicht zu viel weggenommen werden, denn das Blattwerk schützt gleichzeitig den Boden vor zu viel Sonne und damit vor dem Austrocknen. Die unteren dreißig bis fünfzig Zentimeter des Stängels freizumachen, ist optimal.

Den Gummibaum abmoosen – So bekommt er neuen Nachwuchs

Er wächst und wächst, bekommt ein glänzend grünes Blatt nach dem anderen und dann plötzlich das: Der Gummibaum wirft in seinem unteren Bereich regelmäßig ein Blatt ab – obwohl er am selben Platz steht wie bisher und nach wie vor bestens versorgt wird ... Keine Bange, das ist ganz normal und kein Grund zur Sorge! Solange weiterhin oben gesunde Blätter nachwachsen, ist er völlig gesund.

Schon, aber schön ist auch was anderes, als wenn er nur noch oben grünt, oder?

Das rettende Zauberwort heißt dann »Abmoosen«. Und das geht so: Den Stamm an der gewünschten Stelle ein wenig schräg einschneiden, die Schnittstelle mit einem Packen Moos umlegen und das Ganze zusätzlich mit einer Plastikfolie umwickeln. In dem feuchten Moos kann die Pflanze neue Wurzeln schlagen. Aber erst wenn sich Wurzeln zeigen, darf man die Gebinde komplett voneinander abtrennen. Den oberen Teil pflanzen Sie in einen neuen Topf, und aus dem unteren Teil treiben in der Regel neue Blätter aus. Allerdings ist hier wochenlange Geduld nötig. Aber die wird dafür ja gleich mit zwei Gummibäumen belohnt!

Ingwer

Ingwer ziehen – Gesundheit von der Fensterbank

Ingwer ist schwer im Trend – die einen kauen täglich eine kleine Scheibe davon, andere schwören auf ihr Ingwerwasser, um das Immunsystem zu stärken. Warum also die gesunde Knolle nicht gleich selber ziehen? Dann ist sie auch stets griffbereit.

Die hype Knolle selber ziehen

Nichts einfacher als das, verspricht Birgit Rascher von der Bayerischen Landesanstalt für Weinbau und Gartenbau in Bamberg: »Schneiden Sie von dem Ingwerrhizom aus dem Supermarkt ein zwanzig bis dreißig Gramm großes Stückchen ab. Es sollte zwei Augen haben – das sind kleine Erhebungen, aus denen er dann austreiben kann.« Das Stück kommt in einen kleinen Topf mit Blumenerde. Schön warm stellen, regelmäßig gießen, damit die Erde nicht austrocknet, und abwarten. Nach fünf bis sechs Wochen zeigt sich ein grüner Trieb. Nach einiger Zeit heißt es umtopfen. Und rund vier Monate später ist endlich Erntezeit. Sie können den Ingwer ausgraben, sich die gewünschte Größe abbrechen und den Rest wieder zurück in die Erde geben. Dort wächst der Ingwer weiter. Birgit Rascher erklärt: »Was wir davon essen, wächst ja unter der Erde und darüber haben wir eine dekorative Pflanze. Es macht Spaß, das mal auszuprobieren, und es gelingt garantiert ohne grünen Daumen.«

Der Tigerschnegel – Raubtier auf Schleimspur

Er nimmt eine Sonderstellung ein unter all den Schnecken im Garten – als willkommene Unterstützung für alle, die ihr grünes Reich hegen und pflegen. Denn ein Tigerschnegel hat mächtig Appetit auf die Schneckeneier seiner Verwandtschaft. Manche behaupten sogar, er fresse gleich ganze Nacktschnecken, aber das gehört nach Meinung von BAYERN 1-Pflanzenexpertin Karin Greiner eindeutig ins Reich der Fantasie. Er habe es lediglich auf ihre Eier abgesehen.

Natürlich schafft er es nicht, alle Beete komplett schneckenfrei zu halten, aber immerhin hilft er zuverlässig mit, den Nachwuchs der raspelnden Blättervertilger einzudämmen. Er selbst – auch das ist eine äußerst angenehme Wesensart – mag weder frischen Salat noch andere Gemüsepflänzchen. Die lässt er links liegen und bevorzugt stattdessen abgestorbene Pflanzenteile.

Deshalb Familie Tigerschnegel, wenn Sie sie entdecken, am besten als Vertraute im Garten lassen! Zu erkennen ist sie ja leicht an ihrer auffälligen Zeichnung. Manche sprechen in dem Zusammenhang auch von »Raubkatzen-Print«.

Minigewächshäuser – Üppiges Grün in der Flasche

Pflanzen im Glas erleben gerade ein Comeback. Kein Wunder, so ein Minigewächshaus ist dekorativ und noch dazu pflegeleicht. Was die Pflanzen im Glas verdunsten, geht nicht verloren, sondern ist wieder für sie nutzbar. Sie leben mehr oder weniger autark in ihrem eigenen Ökosystem. Düngen ist unnötig und gießen ist – wenn überhaupt – nur selten nötig. Es ist fast wie ein Perpetuum mobile, das sich monatelang allein aufrechterhält.

Geeignet sind dafür im Besonderen Gewächse, die eine hohe Luftfeuchtigkeit brauchen: Orchideen, Farne, Moose, Tillandsien, Fittonien und Flamingoblumen zum Beispiel.

Wie kommt das Grün in die Flasche?

Das Einsetzen ist im Unterschied zu früher eine leichte Angelegenheit, denn die Öffnungen moderner Glasbehälter sind größer und teils sogar seitlich angebracht. Voraussetzung fürs Gelingen ist eine gute Drainage. Eine optimale Basis sind Kies und Blähtonkügelchen, die mit verschiedenen Substraten zum Bewurzeln kombiniert werden. Je kleiner die Pflanzen sind, umso besser. Sie wollen ja den Winzlingen beim Wachsen unter Glas zuschauen. Denn ein Hingucker ist der Flaschengarten allemal.

Medizin

Rückentraining nebenbei – Machen Sie den Hacker

Sitzen gilt als das neue Rauchen, weil es so ungesund ist. Rückenbeschwerden sind inzwischen ein Volksleiden. Die Ursache dafür ist fast immer eine zu schwache Muskulatur. Gut, dass fast jeder etwas dagegen tun kann. Schon eine kleine effektive Übung zielt beispielsweise direkt auf die filigranen Muskeln an der Wirbelsäule ab. Wer diese regelmäßig trainiert, hat »eine Vollkaskoversicherung gegen Rückenschmerzen«, verspricht Prof. Ingo Froböse von der Sporthochschule Köln. Seine Lieblingsübung ist der sogenannte Hacker.

Üben, selbst wenn's im Rücken zieht

Dazu setzt man sich vorne auf die Stuhlkante, die Füße breit und fest auf dem Boden, und beugt dann die Arme im Ellbogengelenk im 90°-Winkel. Die Oberarme liegen an, die Daumen zeigen nach oben, und jetzt macht man bei geöffneter Hand ganz schnelle Hackbewegungen. Diese Übung funktioniert auch im Stehen. Egal wie man sie macht, sie fordert die Muskulatur ordentlich heraus. Prof. Froböse: »Damit stabilisieren Sie auf Dauer Ihre Wirbelsäule. Deshalb empfehle ich die Übung zweimal am Tag bei einer Dauer von jeweils 30 Sekunden.« Am besten morgens und abends. Das Sekundentraining eignet sich sogar für alle, die bereits Rückenschmerzen haben.

Starker Rücken – Achtsames Psoas-Training

Adduktoren, Bizeps, Trizeps – diese Muskeln kennen wir alle, aber haben Sie auch schon einmal vom Psoasmuskel gehört? Gespürt haben Sie ihn vermutlich schon, denn wenn es im Rücken wehtut, ist er mit Sicherheit daran beteiligt. Der Psoas ist unser Lendenmuskel, einer der zentralen Muskelstränge der Körpermitte. Er umspannt die Region von der Lendenwirbelsäule über die Hüfte und das Gesäß bis hin zu den Oberschenkeln. Und wie alle Muskeln braucht er Bewegung, und stundenlanges Nichtstun schadet ihm. Mit einer winzigen Übung können Sie ihn ganz nebenbei kräftigen. Das geht prima am Computer, während eines Meetings oder beim Kartoffelschälen am Küchentisch: aufrecht sitzen und abwechselnd mal links, mal rechts das Knie ein wenig anheben. Ganz langsam ausführen und bewusst auf jeder Seite jeweils 15 bis 20 Sekunden halten. Das Bein dabei zunächst nur einige Zentimeter vom Boden abheben. Wenn es bei den ersten Versuchen im Lendenbereich etwas zieht, ist das der beste Beweis für eine Schwachstelle. Das einfache Knieheben ist schon ein Anfang, etwas dagegen zu tun. Und den ersten Erfolg spüren Sie, wenn das Ziehen aufhört und Sie mit anderen Übungen Ihren Psoas weitertrainieren können.

Schöne Lippen – Einfach zum Knutschen

Wann sind Frauen klar im Vorteil? Wenn sie im Winter ihren Lippenstift auflegen! Denn der schützt die Lippen – noch zusätzlich und ganz nebenbei – auch vor der Kälte. Bei Minustemperaturen können diese leicht austrocknen und rissig werden, da sie von Natur aus keine Talgdrüsen besitzen und selbst kein schützendes Fett bilden.

Viele Lippenstifte sind vergleichbar mit Lippenpflegestiften, nur mit dem einen Unterschied: Sie enthalten zusätzlich Farbpartikel. Aber nicht jeder Lippenstift und auch nicht jeder Lippenpflegestift bietet einen guten Kälteschutz.

Auf den Inhalt kommt es an

Es gibt erhebliche Qualitätsunterschiede. Mit einem Blick auf die Inhaltsstoffe lassen sich diese leicht erkennen. Hautärzte raten ab von Mineralölen, die sich wie eine Plastikfolie über die Lippen legen können. Zu erkennen sind sie an Begriffen wie »Petrolatum«, »Paraffin« und »Cera Microcristallina«. Zu viel Glycerin ist ebenfalls nicht gut. Denn das Zuviel entzieht wiederum Feuchtigkeit. Die Lippen trocknen so noch mehr aus.

Empfehlenswert sind tierische oder pflanzliche Stoffe: Sheabutter, Bienen- oder Wollwachs, Kakaobutter und Kokosöl. All das schützt natürlich auch bestens Männerlippen!

Und als kleiner Luxus für zwischendurch empfiehlt sich Honig. Nicht zum Naschen *in* den Mund, sondern als 20-Minuten-Kur *auf* den Mund. Eine vegane Alternative zu Honig ist Aloevera-Gel.

Tageslichtlampen – Mit Lux gegen den Winterblues

So schön Lichterketten und Kerzenschein im Winter sind – vielen von uns geht das natürliche Licht ab, und das spüren wir auch. Schließlich ist Sonnenlicht der Taktgeber für unseren gesamten Stoffwechsel. Kein Wunder, wenn man sich wie ausgebremst fühlt, weil man über Monate hinweg frühmorgens im Dunkeln aus dem Haus geht und erst abends im Dunkeln wieder heimkommt.

Eine Tageslichtlampe hilft

Mit hellem Kunstlicht gegen Lichtmangel – das funktioniert. Eine Tageslichtlampe hilft dabei, sich besser aufraffen zu können; sie kann dafür sorgen, dass sich weniger einschläferndes Melatonin bildet. Das Licht solcher Lampen ist dem Spektrum des natürlichen Tageslichts nachempfunden. Handelsüblich ist eine Lichtstärke von 10.000 Lux.

Chronobiologen erforschen die »innere Uhr« des Menschen. Ihr Tipp: Schon eine halbe Stunde täglich von dieser Lichtdusche reicht aus, um den Stoffwechsel anzukurbeln.

Bewusst öfter ins Freie zu gehen, hilft ebenfalls gegen den Winterblues. Selbst ein bewölkter Wintertag bringt es auf 5.000 bis 7.000 Lux. Das ist doch was.

Auszeit für die Augen –
Die liegende Acht

Wenn beim Lesen der Speisekarte nach und nach die Arme zu kurz werden, spricht das für eine beginnende Alters-Weitsichtigkeit. Die Sehtrainerin Doris Lederer empfiehlt in solchen Fällen spezielle Übungen. Das Ziel: »Dass man den Nahpunkt wieder näher ranzoomen kann. Eine Alterssichtigkeit lässt sich nicht vermeiden, aber lindern.«

Die einfachste Übung: den Blickwinkel ändern. Am PC öfter den Kopf zur Seite drehen und aus dem Fenster oder auf die Wand gegenüber schauen. Oder Palmieren: »Gemeint ist damit, die geschlossenen Augen mit den Händen abzudecken, damit kein Licht durchdringt. Sobald nur noch ein tiefes Schwarz da ist, erholen sich die Augen.« Ein Klassiker ist die liegende Acht: Augen zu und mit der Nasenspitze mehrmals eine liegende Acht in die Luft malen.

Diese Mini-Auszeit wirkt auf den ganzen Körper. Dass sich damit auch die Sehkraft auf Dauer verbessert, beurteilen Augenärzte kritisch. Aber sie wissen inzwischen: Bei der Alters-Weitsichtigkeit spielt das Nachlassen der Augenmuskeln mit eine Rolle. Unbestritten ist auch: In die Weite schauen – auf alles, was über sechs Meter entfernt ist – entspannt das Sehen.

AUGENTRAINING

Als Erfinder des Augentrainings gilt der New Yorker Augenarzt William Bates (1860–1931). Er war überzeugt: Eine Fehlsichtigkeit wird rein durch schwache Augenmuskeln ausgelöst. Diese einseitige These ist heute widerlegt. Trotzdem raten Betriebsärzte zu entspannenden Augenübungen für alle, die viel auf Computerbildschirm und Smartphone schauen.

Augenwissen – Lichtmangel fördert Kurzsichtigkeit

Ausreichend Licht tut nicht nur der Psyche gut, es wirkt sich zusätzlich positiv auf die Augen aus. Jeder Dritte von uns ist kurzsichtig. Tendenz steigend. Je besser die Schulbildung, desto höher ist sogar das Risiko, kurzsichtig zu werden. Mit einem Satz: Durchblick im Hirn führt zur Brille auf der Nase.

Mit eine Ursache dafür ist, dass sich Kinder zu wenig im Freien aufhalten, sie werden immer mehr zu Stubenhockern. Aktuelle Forschungen zeigen: Zu wenig Tageslicht fördert Kurzsichtigkeit. Deshalb sollten die Kleinen viel nach draußen, empfehlen Augenärzte. Das wird eine Kurzsichtigkeit nicht ganz vermeiden, aber je später diese auftritt, desto schwächer ausgeprägt bleibt sie lebenslang. Ebenso wissenschaftlich belegt: Bei schlechter Beleuchtung lesen ist ebenso schlecht für die Augen wie ein zu geringer Leseabstand – egal ob auf dem Smartphone oder in einem Buch. Ideal ist eine Entfernung von 30 Zentimetern, also ungefähr die Länge einer DIN-A4-Seite.

Schöne Beine – Einfach und effektiv: der Wadentrimmer

Wer spricht noch vom Trimm-Dich-Pfad? Klingt fast ein wenig verstaubt, heute heißt das »Fitnessparcours« oder »Bewegungspark«. Aber der Kölner Sportwissenschaftler Ingo Froböse lässt sich nicht beirren und nennt eine seiner bevorzugten Übungen trotzdem schlicht »Wadentrimmer«. Der ist äußerst effektiv – gerade für alle, die tagsüber viel sitzen und keine Zeit haben, mal schnell um den Block zu laufen.

Push-up für die Beine

Das geht so: raus aus der Bürostuhl-Komfortzone und ein paar Sekunden auf die Zehenspitzen stellen. Dann langsam die Ferse wieder Richtung Boden absenken – aber nicht ganz auf den Boden runter, sondern stattdessen geht es gleich wieder in den Zehenstand zurück. Das klingt zunächst einfach, aber vermutlich zieht es bei vielen anfangs doch ziemlich in den Waden. Das Ganze zehn- bis fünfzehnmal wiederholen. Und zur Abwechslung üben Sie das nächste Mal abwechselnd jeweils nur mit einem Bein. Diese Übung formt die Waden und trainiert ganz nebenbei gleichzeitig auch noch die Fußmuskulatur.

Dopingmittel Rosmarin – Gedächtnisstütze aus dem Kräutertopf

Das herb-würzige Aroma erinnert uns an Urlaub, an den Süden, an mediterrane Küche. Aber der intensive Rosmarinduft kann mehr, als nur Erinnerungen wecken. Er trägt sogar dazu bei, dass wir uns *besser* erinnern und konzentrieren können. Das haben britische Wissenschaftler herausgefunden. Menschen, die bei kniffligen Mathe- und anderen Denkaufgaben in einem Raum mit Rosmarinduft waren, schnitten besser ab als die der Vergleichsgruppe ohne. Forscher wissen schon lange, dass Gerüche, genauer Duftmoleküle, unmittelbar im Gehirn andocken und die Hirnaktivität beeinflussen können. Beim Rosmarin ist speziell das ätherische Öl »Cineol« entscheidend. Ob damit allerdings sogar ein Kraut gegen Demenz gewachsen ist, lässt sich derzeit noch nicht sagen. Das können erst weitere Studien klären. Trotzdem wird der anregende Rosmarinduft mitunter schon jetzt in der Arbeit mit Patienten eingesetzt.

Und ganz generell kann es sich für jeden lohnen, öfter mal am Rosmarinstock oder an Rosmarinöl zu schnuppern – erst recht, wenn eine Prüfung ansteht. Rosmarin – das dufte Gehirndoping ohne Nebenwirkungen.

Anhaltende Fußgesundheit –
So lang die Füße tragen

Sie tragen uns durchs Leben, geben uns Halt und trotzdem machen wir es unseren Füßen nicht leicht: Zu enge Schuhe, hohe Absätze, schief abgelaufene Sohlen, Übergewicht – das alles setzt ihnen zu. Aber erst wenn es wehtut, werden wir auf sie aufmerksam. Nicht immer sind deswegen sofort Einlagen nötig, doch warum nicht mit ein paar einfachen Handgriffen die Füße etwas verwöhnen? Denn was für Bizeps und Trizeps gilt, stimmt genauso für die Fußmuskeln – sie profitieren von gezielten Übungen.

Wieso nicht gleich damit in den Tag starten? Bevor Sie aufstehen, setzen Sie sich auf die Bettkante und rollen einen kleinen Igel- oder Tennisball von der Ferse bis rauf zu den Zehen auf und ab. Oder Sie können die Fußsohlen mit den Fingern kräftig massieren und die Zehen ein wenig dehnen. Tut spürbar gut. Und noch eine Übung für den Vorderfuß: ein Papiertaschentuch oder eine Münze mit den Zehen aufheben. Und zum Ausklang des Tages fühlt sich eine kleine Massage besonders gut an: Mit den Fingern – ohne Daumen – ein paarmal über die gesamte Fußsohle streichen – abwechselnd links und rechts. Und gerne das Ganze noch einmal!

Hatschi, Räusper und Co –
So stoppen Sie den Virenangriff

Es kommt wie aus dem Nichts: das kleine, böse Kratzen im Hals. Kündigt sich da eine Erkältung an? Vermutlich ja. Denn der Nasen-Rachenraum ist die Eintrittspforte für Erkältungsviren. Es gibt Hunderte verschiedene Arten von ihnen – kein Wunder, dass bislang ein Erkältungs-Allheilmittel fehlt, das gegen alle wirkt. So eines brauchen Sie auch gar nicht, wenn Sie sofort bei den ersten Anzeichen gegensteuern.

Der Tipp: Gurgeln Sie mit H_2O_2 – Wasserstoffperoxid. Ja, genau, der Substanz, mit der Blondinen gerne bleichend nachhelfen. Allerdings beachten Sie einen wichtigen Unterschied: Anders als beim Haarebleichen darf es beim Gurgelwasser lediglich eine dreiprozentige Lösung sein. Die gibt es für wenige Euro in der Apotheke.

So geht die schnelle Hilfe

Einen Esslöffel Wasserstoffperoxid in ein kleines Glas lauwarmes Wasser geben und damit mehrmals gurgeln, aber nicht schlucken. Entscheidend ist, dass Sie sofort bei den ersten Beschwerden aktiv werden, damit die Viren erst gar keine Chance bekommen, sich einzunisten. So wird aus dem ersten Kratzen keine handfeste Erkältung. Deshalb am besten ein Fläschchen H_2O_2 griffbereit im Medikamentenschrank haben. Wasserstoffperoxid wirkt garantiert auch bei Nicht-Blondinen!

IHR ANTI-ERKÄLTUNGS-PROGRAMM

- Ihr Immunsystem wird von vielem gepusht, was Sie abhärtet, also unempfindlicher gegenüber äußeren Reizen macht: Sauna, Wechselduschen, Fußbäder à la Kneipp und Spazierengehen bei jedem Wetter.
- Konsequent nach dem Nachhausekommen gründlich Hände waschen, damit sich ungebetene Virengäste nicht in der Wohnung verteilen.
- Erkältungsviren lieben trockene Luft in gut beheizten Räumen; das trocknet die Schleimhäute aus, sie sind dann weniger durchblutet und anfälliger – deshalb regelmäßig kurzen Frischekick durch Stoßlüften erzeugen.

Skin Fasting – Wenn es der Haut zu viel wird mit Creme und Co

In der Hautpflege gilt: Weniger ist mehr! Hautärztin Dr. Yael Adler warnt: »Viele von uns nutzen zu viele Produkte. Wir überpflegen unser größtes Organ.« Haut-Fasten, Skin-Fasting oder Haut-Detox – so heißt ein neuer Trend, der darauf setzt, auf Kosmetikprodukte – zeitweise – zu verzichten. Nur so kann sich die Haut regenerieren. Wer sie jahrelang zu sehr *verwöhnt* hat, sollte sie langsam *entwöhnen*. Das Ziel: Auf die eigene Kraft der Haut vertrauen. Denn eine gesunde Haut versorgt sich selbst. Dr. Adler: »Die Poren auf der Nase sind wie Mini-Fettcremetiegel, sie produzieren

kleine Fetttröpfchen, die sich sanft auf der Haut verteilen und sie effektiver pflegen als jede Creme.«

Die Haut entwöhnen – so geht es

Dafür braucht es keinen Plan – hören Sie einfach mit dem Eincremen auf. Lernen Sie Ihre Haut kennen. Wo ist sie wirklich trocken, wo spannt es dauerhaft? Dort sind ein paar Tupfer einer leichten Creme dann schon sinnvoll. Es kann ein paar Wochen dauern, bis sich die Haut umstellt und die eigene Fettproduktion wieder ankurbelt. Allerdings gibt es eine wichtige Ausnahme: nicht sparen am Sonnenschutz! Hier heißt es abwägen: Wer viel im Freien ist, muss sich gut schützen. Aber wer sich tagsüber im Büro aufhält, braucht nicht zwingend eine Tagescreme mit hohem Lichtschutzfaktor.

Einfache Hautreinigung – Wasser ist zum Waschen da

Nicht zu viele Kosmetikprodukte – das gilt für die Hautpflege und genauso für die -reinigung. Die Hautärztin Dr. Yael Adler benutzt selbst ausschließlich Wasser, denn »regelmäßig einseifen, peelen und alkoholische Tinkturen verwenden, das greift auf Dauer die natürlichen Schutzbarrieren der Haut an« – im Gesicht wie am ganzen Körper.

Sanfter ist es, ab und zu das Gesicht mit Heilerde zu reinigen – kurz einmassieren und dann mit lauwarmem Wasser abwaschen. Davon profitieren vor allem alle, die eher zu einer fettigen Haut neigen.

Nur sanfte Inhaltsstoffe zum Duschen

Beim Duschen raten Hautärzte zu pH-neutralen, milden Waschlotionen und Gels – ohne Farb-, Konservierungs- und Duftstoffe, denn die können Allergien auslösen. Je weniger Inhaltsstoffe, desto besser für die Haut. Nötig sind reinigende Substanzen ohnehin nur für Areale mit besonders vielen »Duft-Drüsen«, wie etwa den Achseln. Ein kleiner Klacks genügt – in etwa so groß wie eine Walnuss. Für den Rest des Körpers reicht Wasser völlig aus. Denn Schweiß und Staub sind gut wasserlöslich.

Gartenarbeit »ohne Rücken« –
Wärme hilft gegen den Schmerz

Wie sieht ein typischer Tag im Garten bei Ihnen aus? Liegestuhl, Buch lesen, Sonne genießen? Oder eher Unkraut zupfen, Rosen schneiden und was sonst noch in Beeten und Rabatten anfällt? Macht ja ebenfalls Spaß, aber vielen zwickt es dann spätestens einen Tag danach ordentlich im Rücken. Das viele Bücken und ungewohnte Töpfeheben führt oft zu einem Muskelkater. Geht es nicht anders? Und ob!

Gartenarbeit einteilen

Müssen die Beete wirklich schon mit den ersten Sonnenstrahlen perfekt aussehen? »Statt stundenlang am

Stück zu werkeln, ist es besser, zwischendrin bewusst aufzustehen und sich kräftig zu dehnen – zur Seite und nach oben«, rät Dr. Julian Sprau von der Klinik für Orthopädie, Physikalische Medizin und Rehabilitation am Klinikum der Universität München. Und: nicht zu lange in gebückter Haltung arbeiten, sondern besser in die Hocke gehen oder auf einem niedrigen Hocker arbeiten und dabei möglichst den Oberkörper aufrecht halten. Noch ein Tipp, wenn die Gartenarbeit für diesen Tag geschafft ist: Geben Sie Rückenschmerzen erst gar keine Chance, sondern tun Sie sofort etwas gegen mögliche Verspannungen. Das einfachste Mittel: eine Wärmflasche oder ein angewärmtes Kirschkernkissen an die Lendenwirbelsäule. Schmerzen noch einen Tag später? Eher unwahrscheinlich.

Natürlicher Hustenlöser – Selbst gemachter Sirup aus Rettich

Eine natürliche Hilfe bei lästigem Husten? Geht ganz einfach. Statt zur nächsten Apotheke ab in die Gemüseabteilung oder zum Wochenmarkt – und Schwarzen Winterrettich besorgen! »Seine Senföle geben ihm den typisch scharfen Geschmack und haben eine heilende, weil antibakterielle Wirkung«, erklärt BAYERN 1-Pflanzenexpertin Karin Greiner. Deshalb empfiehlt sie den folgenden Hustensirup.

Rezept für den Hustenlöser

Vom Schwarzen Winterrettich den Blattansatz abschneiden und beiseitelegen. Den Rettich – mit Ausnahme des Wurzelansatzes – mit einem Kugelausstecher aushöhlen, bis nur noch ein Rand von ungefähr einem Zentimeter übrig bleibt. Mit einem Schaschlikspieß in den unteren Wurzelansatz zwei bis drei Löcher bohren. Durch sie tropft später der Sirup direkt in ein Glas.

Das ausgehöhlte Rettich-Innere grob zerkleinern, im Verhältnis 1:1 mit Zucker oder Honig vermengen und das Gemisch in den Rettich geben. Der kommt dann direkt auf ein Glas – und oben drauf der gekappte Deckel, also der Blattansatz. Allmählich sammelt sich der Saft im Glas. Er ist sofort trinkbar. Empfehlenswert sind dreimal täglich zwei Teelöffel. Den Sirup können Sie im Kühlschrank einige Tage aufheben.

Aus der Gartenapotheke – Kohlwickel gegen Gelenkschmerzen

Das Wintergemüse Kohl schmeckt, aber seine Blätter eignen sich zu mehr als nur zu Kohlrouladen. Profitieren Sie zusätzlich von dem heilenden Effekt durch Kohlwickel. Zum Beispiel bei einer Prellung oder wenn das Knie oder der Ellenbogen nach dem Sport wehtun. Dann braucht es nicht immer gleich eine Schmerzsalbe. Was Naturheilkundler schon lange wissen, ist inzwischen wissenschaftlich belegt: Kohl enthält anti-entzündliche Wirkstoffe. Gemeint sind damit Flavonoide, eine Gruppe von sekundären Pflanzenstoffen, welche ebenso wirksam wie ein fertiges Arzneimittel sein können.

Und so geht's

Die dicken Mittelrippen von den äußeren Kohlblättern entfernen. Die Blätter auf ein Küchentuch legen und mit einer Teigrolle so lange darüberrollen, bis der Pflanzensaft austritt. Jetzt das Tuch samt den Blättern auf die schmerzenden Partien legen, mit einem Handtuch umwickeln und mit einer Mullbinde oder einem Schal festbinden. Mindestens zwei Stunden sollten Sie den Wickel auf der schmerzenden Stelle lassen oder auch die ganze Nacht über.

Indoorfitness – Laufband oder Crosstrainer?

Ein Phänomen, das sich jedes Jahr wiederholt: Werden die Tage kürzer und die Temperaturen gehen runter, drängt es viele ins Fitnessstudio. Und keine Frage, ein regelmäßiges Training ist für unsere »Generation Vielsitzer« ein prima Ausgleich. Allerdings eignet sich nicht jedes Übungsgerät für jeden gleich gut. Beispiel: Crosstrainer und Laufband.

Physiotherapeutin Isabel Sollors sagt dazu: »Ein Crosstrainer ist besonders für alle zu empfehlen, die ein wenig Probleme mit den Gelenken haben oder die stark übergewichtig sind, was ja ebenfalls die Gelenke belastet.« Dynamischer ist das Trainieren auf dem Laufband, es ist vergleichbar mit dem Joggen. Der Bewegungsablauf ist ganz anders als auf dem Crosstrainer. Sollors: »Entscheidend ist das Aufkommen auf dem Untergrund. Wir sprechen von der Flugphase. Gemeint ist damit jeweils der kurze Moment, in der man mit beiden Füßen vom Boden abgehoben ist und dann mit einem Fuß wieder aufkommt.« Diese Mini-Erschütterung gibt es beim Crosstrainer nicht und deshalb ist dieser gelenkschonender.

Ansonsten gilt: Die positiven Trainingseffekte auf die Gesundheit sind sowohl bei einem Crosstrainer als auch einem Laufband unbestritten.

Nasensprays richtig nutzen – Das 1 x 1 für Schnupfnasen

Winterzeit – Schnupfenzeit. Wer greift bei einer anhaltend verstopften Nase nicht irgendwann zu einem Nasenspray?

Spricht nichts dagegen, sofern Sie einige Punkte beachten. Zum Beispiel: ein abschwellendes Nasenspray nicht länger als eine Woche verwenden. Dr. Bernhard Junge-Hülsing vom Bayerischen Berufsverband der HNO-Ärzte: »Auf Dauer trocknet es die Nasenschleimhäute aus, weil diese durch das Mittel permanent zusammengezogen werden. Der Wirkstoff Xylometazolin-Hydrochlorid verengt die Blutgefäße, und die Nasenschleimhaut schwillt ab.« Die Nase gewöhnt sich an die Hilfe von außen, und dann ist in immer kürzeren Abständen erneut das Spray nötig.

Keine Wirkung ohne Nebenwirkung

Der Wirkstoff macht die Nase frei, aber er unterdrückt die Arbeit der Flimmerhärchen. Sie sind eine Art Staub- und Keimfänger und sollten nicht zu lange behindert werden. Deshalb das Spray nur zeitlich begrenzt verwenden und höchstens dreimal täglich. Eine sanftere Alternative sind Sprays für Kinder. Der Wirkstoff ist derselbe, aber er ist schwächer dosiert.

DIE RICHTIGE ANWENDUNG

Sie schonen die Schleimhäute, wenn Sie nicht direkt auf die Nasenscheidewand sprühen. Setzen Sie das Spray auf einer Seite jeweils so an, dass Sie in Richtung des inneren Augenwinkels derselben Seite sprühen. Die Flasche sollte dabei circa zehn Grad nach außen gekippt sein.

Tabletten einnehmen – Nur mit Leitungswasser

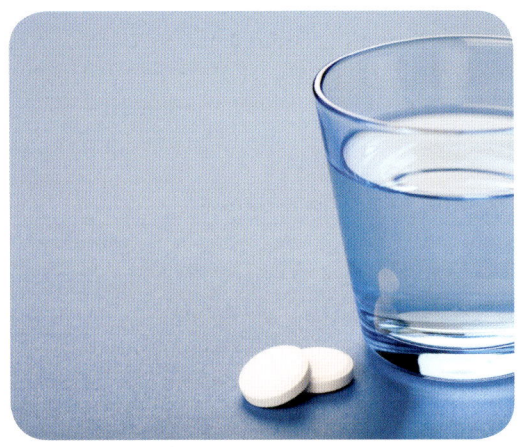

Viele nehmen täglich einen Medikamentencocktail zu sich: Pillen gegen Bluthochdruck, Schmerzen und Heuschnupfen etwa. Dass Arzneimittel Nebenwirkungen haben, ist bekannt. Aber es gibt auch unerwünschte Wechselwirkungen mit Lebensmitteln. Sie können die Wirkung von Medikamenten verstärken, vermindern oder ganz aufheben.

Beispiel Milch und Milchprodukte

Kalzium verhindert, dass bestimmte Wirkstoffe richtig verwertet werden. Das gilt für Osteoporose-Tabletten, Schilddrüsenhormone und manche Antibiotika, welche das im Einzelnen sind, steht jeweils auf dem Beipackzettel.

Beispiel Grapefruitsaft

Pflanzenstoffe in der Grapefruit verstärken die Wirkung von Schmerz- und Schlafmitteln, aber auch von Betablockern, die viele Patienten mit Bluthochdruck einnehmen. Ein Glas Grapefruitsaft kann zur Überdosierung führen und damit zu (stärkeren) Nebenwirkungen.

Beispiel Tee und Kaffee

Wer Eisentabletten braucht, sollte mindestens zwei Stunden davor und danach Getränke meiden, die reich an Gerbstoffen, sogenannten Tanninen, sind. Sie vermindern die Aufnahme im Körper. Tanninhaltige Getränke sind Kaffee sowie Grün- und Schwarztee.

Generell ist es am besten, Medikamente nur mit einem Glas Leitungswasser einzunehmen. Selbst ein hoher Gehalt von Mineralstoffen im Mineralwasser kann die Arzneiwirkung beeinflussen.

Risiko Handydaumen – Mit dem Zweiten tippt man besser

Ohne Handy geht bei den meisten von uns nichts. Rund neunzig Mal am Tag nehmen wir es zur Hand. Das Tippen und Wischen auf dem Bildschirm ist eine ziemlich monotone Bewegung für die Finger. Und das macht sich nach einiger Zeit auch schmerzhaft bemerkbar – durch eine Entzündung an den Sehnen. Orthopäden sprechen inzwischen vom sogenannten Handydaumen – und der ist eine äußerst unangenehme Angelegenheit. Die Schmerzen konzentrieren sich dabei nicht nur auf den entweder linken oder rechten Tipp-Daumen, sondern ziehen oft sogar vom Handgelenk über die Arminnenseite hinauf bis zum Ellenbogen. Wenn die Schmerzen dauerhaft auftreten, ist auf jeden Fall ärztliche und physiotherapeutische Hilfe nötig!

Vorbeugen ist besser

Wie aber lässt sich dieser SMS-Daumen oder – wie er auch schon scherzhaft genannt wird – die »WhatsAppitis« vermeiden? Eigentlich ganz einfach! Vermeiden Sie künftig die einseitige Belastung. Auch wenn es erst einmal gewöhnungsbedürftig sein mag, nutzen Sie Ihr Smartphone konsequent mit beiden Händen.

Heuschnupfen – Lüftungstipps für Allergiker

Pollen kennen keine Gnade. Sie verfolgen Allergiker bis in die Wohnung. Es bringt nichts, die Fenster hermetisch geschlossen zu halten. Denn wir bringen die Pollen selbst von draußen mit herein. Deshalb sollte die Außer-Haus-Kleidung möglichst nicht mit ins Schlafzimmer genommen und gewaschene Wäsche nicht im Freien getrocknet werden. Die winzigen Pollen haften nahezu überall an, und sind sie einmal im Zimmer, verteilen sie sich im ganzen Raum. Gut zu wissen, dass die Pollenbelastung über den Tag unterschiedlich verteilt ist.

Die TU München hat herausgefunden, dass ein Stoßlüften von fünf Minuten alle zwei Stunden die Pollenkonzentration bis zu zwei Drittel reduziert – im Vergleich zu einem Fenster, das ständig gekippt ist.

Clever lüften

Die Konzentration der Pollen schwankt im Tagesverlauf und auch von Ort zu Ort. Lungenärzte empfehlen, in der Stadt am besten morgens zwischen sechs und acht Uhr und auf dem Land abends von 19 Uhr bis Mitternacht zu lüften. Aber das ist nur eine grobe Einteilung, denn Pollen fliegen nicht nach der Uhr. Exakte Messungen liefert das elektronische Polleninformationsnetzwerk Bayern, kurz ePIN. Alle drei Stunden werden die Daten aktualisiert und können online beim Bayerischen Landesamt für Gesundheit und Lebensmittelsicherheit (LGL) abgerufen werden. Diese automatisierte Messung gilt als die zuverlässigste Pollenzählung und soll mithelfen, den Alltag von Heuschnupfen-Geplagten zu erleichtern.

POLLEN MÜSSEN DRAUSSEN BLEIBEN

Vor dem Schlafengehen kann es helfen, auf ein altes Hausmittel zurückzugreifen: die Nasendusche. Mit einer Salzlösung lassen sich die Allergene einfach ausspülen. Ebenfalls sinnvoll ist es, vor dem Fenster ein Pollengitter anzubringen.

Unterwegs

Lange Anfahrt –
Ohne flauen Magen

Hinter der Reiseübelkeit steckt eine handfeste Sinnestäuschung. Das Sitzen im Auto zum Beispiel – erst recht, wenn dabei gelesen oder am Smartphone oder Tablet geschrieben wird – gaukelt dem Gehirn Ruhe vor, aber durch Abbremsen, Anfahren und Kurven empfängt es gleichzeitig Bewegungssignale. Das verwirrt das Gleichgewichtsorgan und schlägt empfindlichen Personen auf den Magen. Das reicht von einem flauen Gefühl bis zum Brechreiz.

Jeder reagiert anders, genauso wie auf diverse Hilfsmittel. Zu speziellen Tabletten und Reisekaugummis gibt es natürliche Alternativen. Manche schwören auf Ingwer, der generell einen gereizten Magen beruhigen kann. Es spielt keine Rolle, ob Sie auf einem Ingwerstück kauen, es in eine warme Flüssigkeit legen und trinken oder gemahlenen Ingwer nehmen. Andere legen ein Band an, das bestimmte Akupunkturpunkte am Arm stimuliert. Nach Erfahrung des Münchner Reisemediziners Dr. Markus Frühwein funktioniert das bei manchen gut, bei anderen gar nicht. »Ich würde es ausprobieren, denn anders als bei Medikamenten gibt es keine Nebenwirkungen.«

Die beste Prävention: gar nicht oder nur kurz lesen. Am besten ist es, während der Fahrt – egal ob per Auto, Bahn oder Bus – aus dem Fenster zu schauen. Weil genau das Fahrer oder Fahrerin tun, bleiben sie auch von der Reiseübelkeit verschont!

Basics für die Reiseapotheke –
Die SOS-Checkliste

Zu den Basics gehören Medikamente gegen Schmerzen und Fieber sowie ein Elektrolytpulver, um dem Körper bei Durchfall wichtige verlorene Salze wie Natrium und Kalium zuführen zu können. Aber viele kennen unterwegs auch das Gegenteil – eine Verstopfung. Schon eine kleine Packung Leinsamen hilft, um den Darm wieder auf Trab zu bringen!

Wer sich viel im Wasser aufhält, sollte an Ohrentropfen denken.

Mit zur Grundausstattung gehört auch eine Creme oder ein Gel, die/das ein Antihistaminikum enthält, um den Juckreiz von Mückenstichen oder allergische Reaktionen auf der Haut zu lindern.

Denken Sie auch an eine mögliche Sommergrippe durch die Klimaanlagen im Flugzeug und im Hotel. Ein Meerwasserspray für die Nase und Augentropfen, zum Beispiel mit Augentrost, befeuchten die Schleimhäute und die Augenoberfläche. So sind sie besser vor Keimen geschützt.

Wärmepflaster helfen bei verspannten Muskeln. Für den Akutfall (wie zum Beispiel eine Zerrung) empfiehlt sich ein Kältespray.

Das Notfallset für kleine Wunden besteht aus einem Desinfektionsmittel, Verbandmaterial, Pflastern und Blasenpflastern, zumindest, wenn längere Wanderungen geplant sind.

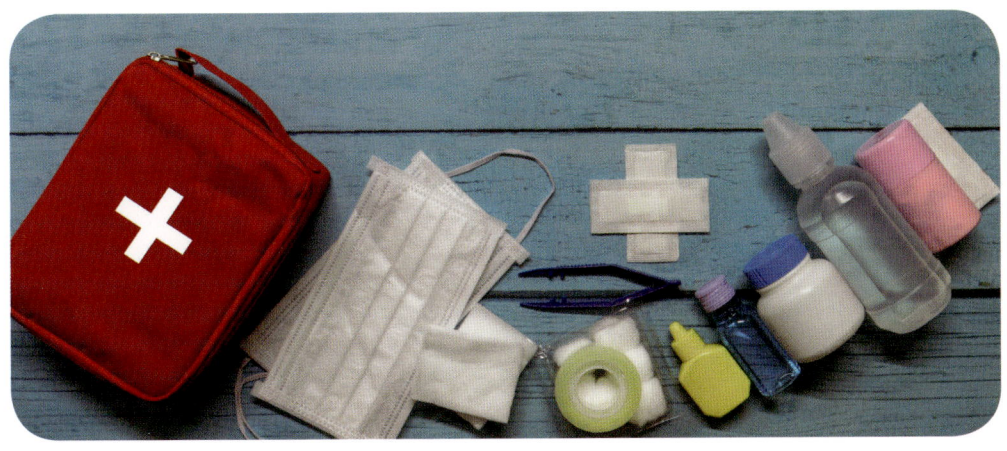

Mach die Rolle – Platzsparend Koffer packen

Rollen statt falten

Es hilft, als Erstes eine Liste zu machen, um im Blick zu haben, was Sie wirklich brauchen. Alles schön akkurat falten und zusammenlegen – so haben es viele gelernt. Vergessen Sie's! Viel vorteilhafter ist es, Nachtwäsche, Pullis, Shirts und Jeans zu rollen. Das hat gleich zwei Vorteile: Sie brauchen so weniger Platz, und das Knitterrisiko ist ziemlich gering.

Die Schuhe kommen in extra Schuhbeutel. Um keinen Platz zu verschenken, eignen sich die Innenräume der Schuhe selbst bestens für Strümpfe, Socken und zusammengerollte Gürtel.

Empfindliche Seidenschals sind optimal geschützt, wenn Sie sie um eine Papierrolle wickeln.

Und falls jetzt wirklich mehr Platz im Koffer ist als vor dem letzten Urlaub – umso besser. Dann können Sie das ein oder andere Souvenir problemlos bei der Rückreise mit verstauen.

Eine typisch weibliche Reisekrankheit? Übergepäck! Meist sind es Frauen, die zu viel einpacken – für alle Fälle, falls es kühler wird, wenn es regnet ... und noch ein Paar Schuhe kann doch auch nicht schaden ... Gründe gibt es viele, und die lassen die Nerven von (männlichen) Mitreisenden oft blank liegen. Deshalb ein paar Tricks, wie sich platzsparend packen lässt.

Klimaanlage im Auto – Coolness mit Pausen

Bei modernen Autos gehört die Klimaanlage wie selbstverständlich mit dazu. Aber um wie viel erhöht der kleine Luxus eigentlich den Spritverbrauch? Vollautomatische Anlagen verbrauchen deutlich weniger als halbautomatische oder solche, die manuell zugeschaltet werden. Johannes Boos vom ADAC: »Der reine Automatik-Modus schlägt bei der Tankrechnung mit fünf bis sechs Prozent Mehrkosten zu Buche. Bei den anderen Systemen sind es sogar zehn bis zwölf Prozent.«

Es ist sinnvoll, die Klimaanlage nicht dauernd laufen zu lassen, sondern sie nur bei Bedarf einzuschalten. Heißt: Am besten die Klima-Automatik deaktivieren und bei kürzeren Strecken nur die Fenster aufmachen.

Keine Chance für Keime

In Klimaanlagen kann sich Kondenswasser bilden, und das ist eine ideale Basis für Bakterien und Pilze. Höchste Alarmstufe herrscht, wenn es im Auto modrig riecht. Deshalb der Tipp: die Klimaanlage rechtzeitig ausstellen – das heißt ungefähr zwei Kilometer vor dem Ziel – und dann nur noch das Gebläse anlassen. Dann kann die Feuchtigkeit verdampfen, und es gibt keinen Nährboden für Keime.

Autofahren im Sommer –
So bleibt die Hitze draußen

30 Grad im Freien – prima für einen Tag am Wasser. Nicht aber im Auto. Wenn dieses lange in der Sonne steht, kann sich der Innenraum leicht auf 50, 60, ja sogar bis auf 65 Grad aufheizen! Da kommt Saunafeeling auf, aber mit ein paar Tricks kühlen Sie Ihr Auto schnell wieder herunter.

Es beginnt damit, vor der Fahrt alle Fenster und Türen aufzumachen, damit die Hitze hinauskann. Der Luftdurchzug senkt die Temperatur zumindest auf die Außentemperatur. Heißt, allein durch diese kleine Maßnahme ist ein Minus von bis zu 30 Grad möglich.

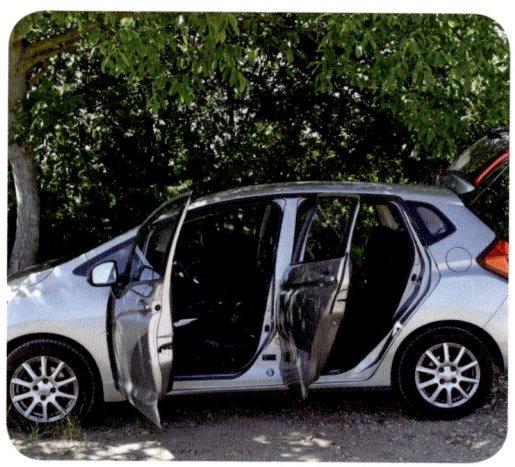

Die Wohlfühltemperatur im Auto liegt bei 21 bis 23 Grad

Wenn Sie eine lange Urlaubsstrecke vor sich haben, garantiert die Klimaanlage eine angenehme Temperatur – vorausgesetzt, Sie stellen sie nicht zu niedrig ein. 14 oder 15 Grad sind eindeutig zu kalt. Kleine Faustregel: Die Temperatur im Auto soll rund sechs bis sieben Grad unter der Außentemperatur liegen. Sonst wird es auf Dauer zu kalt, und Sie riskieren eine Erkältung. Selbst bei voller Hitze sollten Sie die Anlage nur auf mittlere Stärke schalten und das Gebläse auf die höchste Stufe. Kurz auf Umluft stellen beschleunigt den Kühlvorgang. Und wenn Sie das mittlerweile angenehm temperierte Auto parken – legen Sie die Alumatte auf die Frontscheibe. Genau *die* Matte, mit der Sie im Winter das Fenster vor Schnee und Eis schützen. Sie funktioniert auch bei Hitze.

Leinen los – Tomaten bleiben an Land

Egal, ob Dampfer oder Luxusliner: Eine Seefahrt ist nicht lustig, wenn einem durch den Wellengang speiübel wird. Die Ursache dafür ist wie bei der Reisekrankheit an Land: Das Gehirn kann zunächst die Bewegung nicht einordnen. Das vergeht unterwegs meist nach ein paar Tagen, weil sich das Gleichgewichtsorgan allmählich an die Situation gewöhnt. Aber wer will schon so lange warten, um seine Reise genießen zu können?

Viele Segler sind davon überzeugt, dass bei der Übelkeit das Gewebshormon Histamin eine zentrale Rolle spielt. Deshalb meiden sie Lebensmittel, die besonders viel Histamin enthalten: Tomaten, Salami, rohen Schinken, Hartkäse wie Emmentaler und Parmesan – um nur einige zu nennen. Es gibt sogar Medikamente gegen die Seekrankheit, die Antihistamine enthalten. Andere basieren auf dem Wirkstoff Scopolamin, der in Pflastern, Tabletten oder Kaugummis zu finden ist. Dieser Stoff wirkt vorbeugend gegen Übelkeit.

Gewusst wo

Ihr Wohlbefinden hängt mit davon ab, wo Sie sich auf dem Schiff befinden. In der Mitte des Schiffs ist der Wellengang am wenigsten spürbar. Deshalb sollten empfindliche Reisende möglichst eine mittig angelegte Kabine mit Seeblick buchen. Der Blick auf den Horizont hilft, dass das Gleichgewichtsorgan nicht zu sehr durcheinanderkommt.

Montezumas Rache – K. o. durch Heidelbeeren

Unser Darm ist ein Sensibelchen. Er reagiert sofort auf ungewohntes Essen und Stress. Stress bedeuten für ihn zum Beispiel fremde Erreger, mit denen er auf Reisen in Kontakt kommt. Jeder Durchfall signalisiert: Hoppla, ich will die Eindringlinge sofort wieder loswerden. Deshalb die krampfartigen Beschwerden.

So beruhigt sich das Reich der Mitte

Zu den natürlichen Mitteln gegen Reisedurchfall zählen getrocknete Heidelbeeren, ein fast vergessenes Hausmittel. Ihre Gerbstoffe beruhigen die nervöse Darmschleimhaut. Ein anderer Klassiker sind geriebene Äpfel. Ihr Pektin bindet Flüssigkeit, ebenso wie das einer zerdrückten Banane.

Überholt ist der Tipp, man solle Salzstangen und Cola zu sich nehmen. Das braune Softgetränk enthält viel Zucker, und Koffein und Kohlensäure bewirken eher das Gegenteil, als Magen und Darm zu beruhigen. (Das schafft dagegen ein Anis- oder Fencheltee.) Um den Mineralienhaushalt auszugleichen, reichen die paar Salzkörner auf Salzstangen nicht aus, nötig sind Elektrolytlösungen aus der Apotheke. Mit der wichtigste Tipp: viel trinken – am besten Wasser und Kräutertee!

Wenn sich die Beschwerden nach wenigen Tagen aber nicht gelegt haben, ist medizinische Hilfe nötig.

VORBEUGEN: COOK IT, PEEL IT OR FORGET IT

In tropischen und subtropischen Gebieten sollte man am besten nichts essen, was man nicht kochen oder schälen kann. Trinken Sie kein Leitungswasser und verzichten Sie auf Eiswürfel. Und immer wieder Hände waschen! Reisemediziner betonen stetig: Ansteckung ist selbst im Fünf-Sterne-Hotel möglich.

Quallen im Meer – Unliebsames Date

Er brennt höllisch und zählt zu den unvergesslichen Reiseerlebnissen – der schmerzhafte Kontakt mit einer Qualle. Bei Berührung stoßen ihre Tentakeln Nesselkapseln aus. Starkes Jucken und Rötung an der Haut sind da noch harmlose Folgen. Dazu kommen oft noch Blasen und Hautödeme. Besonders gefährlich ist die Portugiesische Galeere, eine Quallenart, deren Gift sogar einen lebensbedrohlichen Schock auslösen kann.

Erste Hilfe nach einem Quallenstich

Wenn beim Planschen oder Schwimmen plötzlich ein stechender Schmerz auftritt, dann sofort raus aus dem Wasser! Versuchen Sie, die betroffene Hautstelle mit Wasser abzuspülen. Es sollen möglichst alle Nesselzellen entfernt werden. Aber auf keinen Fall Süßwasser verwenden, dadurch entleeren sich die Nesselkapseln. Entweder die Haut mit Meerwasser oder aber mit ganz normalem Haushaltsessig übergießen – so das Ergebnis einer Studie der University of Hawaiʻi at Mānoa in Honolulu. Der Essig stoppt die gefährliche Wirkung des Glibbergiftes. Deshalb am Strand immer eine kleine Flasche mit normalem Haushaltsessig dabeihaben. Aber Vorsicht: Bei Übelkeit und Kreislaufproblemen sollte man einen Arzt aufsuchen.

Quallen sind praktisch in allen Meeren, auch in Nord- und Ostsee, zu finden. Vorsicht gilt selbst bei gestrandeten Tieren. So faszinierend sie ausschauen, ihre Nesselkapseln können noch einige Tage nach ihrem Tod aktiv sein.

Jetlag – Wer hat an der Uhr gedreht?

In ein paar Stunden von Kontinent zu Kontinent ist ein prima Zeitgewinn, bedeutet aber auch Jetlag, da sich der Tag- und Nachtrhythmus verschiebt. Der Chronobiologe Till Roenneberg erforscht an der Uni München die »Innere Uhr« des Menschen. Seine Faustregel: »Pro Stunde Zeitverschiebung in Richtung Westen braucht der Körper einen Tag, um sich umzustellen – bei Flügen Richtung Osten sogar eineinhalb Tage. Wer also von Deutschland nach Los Angeles fliegt, ist erst nach acht Tagen an den dortigen Rhythmus angepasst.«

In der Zwischenzeit sind viele mittags müde und nachts hellwach. Generell heißt es, sich möglichst schnell der Verschiebung anzupassen. Viele wissen aber nicht, dass man damit am besten schon zu Hause beginnt.

Die Flugrichtung ist entscheidend

Bei Reisen von West nach Ost, also von uns aus gesehen Richtung Asien und Australien, »verkürzt« sich der Tag. Deshalb ist es sinnvoll, vor der Reise früher ins Bett zu gehen als gewohnt.

Von Ost nach West, Richtung USA und Karibik, »gewinnen« wir Stunden. Diese Umstellung fällt vielen leichter, sie bleiben nach der Ankunft einfach so lange wach wie die Menschen dort. Deshalb am Abend vor der Abreise später als sonst ins Bett gehen!

Optimal ist es, wenn Sie bereits zwei oder drei Tage vor dem Abflug anfangen, die Schlafenszeiten entsprechend zu ändern.

Stau vermeiden –
Köpfchen hilft

Ferienanfang, schlechtes Wetter, Unfälle, Baustellen – all das kann die Ursache für einen Stau sein. Aber oft ist es schlicht ein Fahrfehler: Statt vorausschauend zu fahren, bremst ein Einzelner abrupt ab und löst eine Kettenreaktion aus. Denn die dahinter reagieren genauso – und am Ende stehen alle.

Das wäre bei einem größeren Abstand zum vorausfahrenden Fahrzeug vermeidbar. Aber den nutzen dann Kolonnenschlängler aus: Sobald sich eine Lücke auftut, schwups, sind sie drin. Zeitlich bringt das so gut wie nichts. Stauforscher haben berechnet:

pro halbe Stunde Fahrtzeit gerade mal eine Minute Zeitgewinn!

Das Navi – nicht immer die beste Lösung

Beim Stau immer dem Navi folgen und runter von der Autobahn – das sei nicht die beste Wahl, sagt Stauforscher Prof. Michael Schreckenberg von der Uni Duisburg-Essen. Dann finden sich nämlich zu viele auf der Umgehungsstraße wieder. Im Stau auf der Autobahn legen wir durchschnittlich pro Stunde zehn Kilometer zurück. Heißt, ein Stau von fünf Kilometern bedeutet eine halbe Stunde Fahrtzeit. Großräumig zu umfahren lohnt sich so nicht.

Für Prof. Michael Schreckenberg gibt es nur eine Ausnahme – wenn eine Vollsperrung droht. Denn wie lange die dauert, weiß keiner. Schade eigentlich, dass wir keine Fische sind. Im Schwarm bewegen sie sich absolut zeitgleich – ganz ohne Stau.

Fahren bei Nebel – Welches Licht ist erlaubt?

Er ist plötzlich da wie aus dem Nichts – der Nebel.

Das bedeutet aber nicht gleich, dass sofort die Nebelschlussleuchte des Autos eingeschaltet werden darf. Diese ist erst bei einer Sichtweite von unter fünfzig Metern erlaubt. Sonst besteht das Risiko, dass nachfolgende Autofahrer zu stark geblendet werden. Eine gute Orientierung hierfür sind die Leitpfosten am Straßenrand – auf Landstraßen und Autobahnen sind sie genau im Abstand von 50 Metern nacheinander aufgestellt. Fernlicht erschwert bei Nebel sogar das Sehen, bringt also nichts. Besser geeignet ist normales Abblendlicht. Prinzipiell rät der ADAC: runter vom Gaspedal, nicht zu dicht auffahren und auf keinen Fall überholen.

Nebelscheinwerfer richtig nutzen

Außer einer Nebelschlussleuchte haben moderne Autos zusätzlich Nebelscheinwerfer. Auch sie dürfen nicht generell bei Nebel zugeschaltet werden. Erlaubt sind sie nur, wenn die Sichtweite durch Nebel, sowie durch Schneefall oder Regen erheblich eingeschränkt ist. Das gilt ebenfalls ab einer Sichtweite von unter fünfzig Metern. Wer unbedacht seine Nebelschlussleuchte nutzt, muss mit einem Verwarngeld von bis zu 35 Euro rechnen.

Aquaplaning – Wenn Reifen plötzlich schwimmen

Ein echter Schockmoment – wenn bei starkem Regen das Auto von der Straße abhebt. Für wenige Sekunden hat man keine Kontrolle mehr darüber. Gemeint ist Aquaplaning oder Wasserglätte. Da es die Reifen in diesem Fall nicht mehr schaffen, das Wasser zu verdrängen, entsteht eine Welle, und die Reifen verlieren den Bodenkontakt.

Weder Lenken noch Bremsen bewirken dann etwas. Im Gegenteil, beides ist sogar gefährlich, weil dadurch das Auto ins Schleudern geraten kann.

Was tun, wenn das Auto abhebt

Eine weniger hohe Geschwindigkeit senkt generell das Risiko für Aquaplaning. Deutlich unter 80 km/h zu bleiben ist die Empfehlung des ADAC bei oder nach starkem Regen.

Wenn die Reifen keinen Grip mehr haben, treten Sie die Kupplung beziehungsweise schalten Sie auf »N«. Wenn Sie unbedingt bremsen müssen, um einen Unfall zu vermeiden, dann verhindern Sie eine Vollbremsung und bedienen das Pedal nur pumpartig.

Wie gefährlich Aquaplaning ist, zeigt sich schon daran, dass weder ABS noch ESP, das Electronic Stability Program, etwas ausrichten können. Hier ist allein fahrerisches Können entscheidend.

Es empfiehlt sich auch, regelmäßig seine Reifenprofile zu checken. Sie sollten mindestens vier Millimeter tief sein.

Minustemperaturen – Auch Handys frieren

Minustemperaturen machen oft auch Handys und Smartphones zu schaffen. Der Akku geht aus, und der Touchscreen reagiert nicht mehr.

In den meisten Geräten steckt ein Lithium-Ionen-Akku, der optimal bei einer Temperatur von 20 Grad Celsius arbeitet. Bei Kälte erhöht sich der Widerstand im Akku, den Lithium-Ionen fällt es schwerer, vom Minus- zum Pluspol zu wandern. Im schlechtesten Fall setzt die Stromversorgung ganz aus, und der Bildschirm wird schwarz. Die Flüssigkristalle im Touchscreen können sogar einfrieren. Je stärker die Temperatur sinkt, desto weniger Leistung ist möglich. Damit es gar nicht erst dazu kommt, helfen diese Tipps.

Warm, aber nicht zu warm

Das Handy sollten Sie nicht im Rucksack oder in der Handtasche verstauen, sondern möglichst nah am Körper tragen, am besten in einer Innentasche. Und dort sollte es, so lange Sie in der Kälte sind, auch bleiben, selbst wenn es klingelt. Deshalb für unterwegs immer ein Headset dabeihaben!

Mit heißer Luft föhnen oder auf die Heizung legen, damit sich das Handy erwärmt? Beides ist schlecht für sein empfindliches elektronisches Innenleben. Es geht viel einfacher: Das Gerät nach dem Heimkommen einfach bei Zimmertemperatur akklimatisieren lassen.

Flugkopfschmerzen – Wie das Pochen wie im Flug vergeht

Auch wer nicht regelmäßig Migräne oder Spannungskopfschmerzen hat, kann sogenannte Flugkopfschmerzen bekommen. Die Ursachen dafür sind der niedrige Luftdruck und die geringe Luftfeuchtigkeit an Bord. Beides vermindert die Sauerstoffversorgung im Gehirn. Reisemediziner Dr. Markus Frühwein meint dazu: »Eine Flugzeugkabine wird auf 2.500 Höhenmeter reguliert. Auf diese Höhe können viele mit Kopfschmerzen reagieren.«

Daran lässt sich nichts ändern. Die Luftfeuchtigkeit in der Kabine schwankt zwischen zehn und zwanzig Prozent. Ideal für uns sind aber Werte von vierzig bis sechzig Prozent. Die Folge: Bei langen Flügen kann die Haut anfangen zu spannen, die Augen können jucken, und die Nasenschleimhäute trocknen aus.

Eine wichtige Gegenmaßnahme ist hier, ausreichend zu trinken. Die niedrige Luftfeuchtigkeit erhöht ganz einfach den Flüssigkeitsbedarf. Und zu wenig zu trinken begünstigt generell Kopfschmerzen. Speziell während eines Fluges rät die Stiftung Kopfschmerz pro Stunde zu 150 Millilitern Wasser, Fruchtsaft oder Kräutertee.

Weiter empfiehlt sie, im Akutfall Akupressurpunkte an der linken und rechten Schläfe zu massieren. Sie liegen jeweils einen Fingerbreit neben den Augenbrauen. Beide Punkte sanft drücken und allmählich den Druck verstärken – maximal eine Minute lang.

Nach einem langen Tag – Frische-kick für getragene Kleidung

Kein Waschsalon in der Nähe und für die Handwäsche im Bad reicht die anschließende Zeit zum Trocknen nicht. Was also tun, um Hemd oder Bluse ein wenig aufzufrischen? Und vor allem strenge Duftnoten wegzubekommen?

Das funktioniert ganz ohne Waschmittel und Wasser. Die einfachste Methode, die viele ja auch daheim praktizieren, ist es, das Kleidungsstück über Nacht auf einem Bügel im Freien auslüften lassen – auf dem Balkon oder am offenen Fenster. Grillgeruch, Zigarettenqualm und Schweißgeruch sind am nächsten Morgen dann meist weg.

Vielleicht kennen Sie auch diesen Ratschlag: Nach einem Kneipenbesuch Mantel oder Jacke mit Whisky oder Wodka besprühen. Dadurch verflüchtigt sich tatsächlich der Gestank, aber dann riechen die Textilien nach Alkohol – auch nicht das, was unbedingt jeder möchte.

Schließlich gibt es noch eine dritte Möglichkeit: Die Dusche heiß aufdrehen, und die Sachen in den Dampf hängen. Die heiße Luft neutralisiert die unangenehmen Gerüche. Als Notlösung lohnt es sich, das auf Reisen auszuprobieren. Und ganz wie nebenbei verschwinden dabei auch mögliche Knitterfalten.

Fahrrad

Fahrradfitting – Rundrücken ist nicht sexy

»Nur Genießer fahren Fahrrad und sind immer schneller da«, sangen schon die Prinzen. Aber warum klagen dann so viele von ihnen über Knieprobleme, Schmerzen im Nacken oder im unteren Rücken? Die Ursache ist reine Einstellungssache – von Lenker und Sattel nämlich. Eine richtige Sitzposition ist das A und O für gesundes Radfahren.

Haltung bewahren

Profi-Rennfahrer sind ein schlechtes Beispiel. Durch den tiefen Lenker ihrer Räder ist der Oberkörper zu weit

nach vorne gebeugt, mit dem Ziel, dem Wind möglichst wenig Angriffsfläche zu geben. Der Rundrücken ist gut für Aerodynamik, aber schlecht für die Halswirbelsäule. Rückenfreundlich ist eine Neigung, die der natürlichen S-Form der Wirbelsäule entspricht. Der Winkel sollte nicht größer als 30 Grad sein. Der Sattel ist am besten möglichst parallel zum Boden eingestellt.

Die Sitzhöhe ist optimal und damit knieschonend, wenn der Abstand vom Sattel zum Pedal stimmt: Bei der tiefsten Stellung des Pedals soll das Bein während der Fahrt leicht gebeugt und auf keinen Fall ganz durchgestreckt sein.

Der Lenker ist optimal eingestellt, wenn die Handgelenke beim Fahren nicht abknicken, das schont Sehnen und Gelenke.

Glasklar – Sonnenschutz auf der Autofahrt

Sich vor einer Autofahrt mit Sonnencreme einschmieren? Das macht wohl kaum jemand. Aber genau das kann für lange Strecken durchaus sinnvoll sein!

Grundsätzlich halten alle Autoglasscheiben UV-B-Strahlen ab, die für einen Sonnenbrand verantwortlich sind. Das gilt allerdings nicht für die langwelligen UV-A-Strahlen, die die Haut schneller altern lassen. Die werden nur von den Windschutzscheiben abgeschirmt, aber nicht generell von Seiten- und Heckscheiben – so die Information des Autoglas-Spezialisten Carglass. Nur einige Hersteller bieten einen umfassenden Schutz vor UV-Strahlen für alle Fenster an.

Die Dosis an UV-A-Strahlen kann bei stundenlangen Reisen im Hochsommer beträchtlich sein. Deshalb empfiehlt die Berliner Hautärztin Dr. Yael Adler: »Schützen Sie sich mit einer Extraportion eines Sonnenschutzmittels. Die Haut wird es Ihnen danken.« Ebenfalls nützlich sind Scheibenrollos.

Diese Tipps gelten im Übrigen nicht nur für unterwegs, sondern zudem für alle, die einen Arbeitsplatz neben einem Fenster haben.

Der richtige Druck – Thrombose- schutz über den Wolken

Stütz- und Kompressionsstrümpfe – das klingt nicht gerade sexy. Aber sind es geschwollene Füße und Beine?

Kompressionsstrümpfe sind längst keine hautfarbenen Kunststoffmonster mehr. Es gibt sie mit Baumwollanteil, in verschiedenen Farben und inzwischen sogar in Drogeriemärkten und Kaufhäusern. Wer länger als sechs Stunden im Flieger sitzt, sollte Thrombosestrümpfe tragen – egal ob Frau oder Mann. Denn in dieser Zeit leisten die Venen Schwerstarbeit, und das Risiko für eine Thrombose steigt bei jedem. Erst recht bei allen, die rauchen, bei denen sich leicht Wasser in den Füßen ansammelt und bei Frauen, die die Pille nehmen. Einfache Stützstrümpfe reichen aus, wenn es kein erhöhtes Thromboserisiko gibt. Das stundenlange Nichtstun macht den Kreislauf träge, das Blut wird dickflüssiger und die Sauerstoffversorgung im Organismus ist erschwert.

Diese Mini-Gym-Übungen helfen außerdem: Füße kreisen, mit den Zehen wackeln, Fersen auf und nieder richten und immer wieder aufstehen und ein paar Schritte gehen.

WARUM SICH IM GEWEBE WASSER ANSAMMELT

Sauerstoffarmes, »verbrauchtes« Blut fließt über die Venen zurück zum Herz – selbst von den unteren Körperregionen aus und gegen die Gesetze der Schwerkraft. Möglich machen das die Venenklappen. Jede Muskelaktivität in den Beinen unterstützt den Blutfluss nach oben, während stundenlanges Sitzen das Pumpen erschwert. Das Blut staut sich, und es bildet sich Wasser im Gewebe.

Aua! – Mit Wachs gegen Seeigelstacheln

Zum Trainieren ist ein Igelball wunderbar. Aber versehentlich auf einen echten Seeigel zu treten, tut höllisch weh. Nach dem ersten Schock heißt die bange Frage: Wie werde ich die Stacheln wieder los? Tipps gibt es dafür so viele, wie Seeigel Stacheln haben ...

Kalklöser oder einfach abziehen?

Gegen die teils heftigen Schmerzen raten manche zu einem heißen Fußbad mit Essig. Da die Stacheln aus Kalk bestehen, soll der traditionelle Kalklöser Essig helfen, die Stacheln aufzulösen. Andere versuchen es mit Zitronensaft.

Zitronensäure ist im Haushalt ja ebenfalls als Kalklöser bekannt.

Der Reisemediziner Dr. Markus Frühwein lehnt das nicht grundsätzlich ab, rät aber zu einem anderen Trick: zu flüssigem Wachs. »Man kann heißes Wachs verwenden, um die Stacheln zu entfernen. Ganz normales Paraffin, aus dem Kerzen bestehen. Das gibt es in Gebieten, wo Seeigel häufig vorkommen, sogar extra zu kaufen.« Einfach das flüssige Wachs auf die verletzte Hautstelle geben und fest werden lassen. Wenn man das Wachs abzieht, werden im Idealfall die Stacheln mit herausgezogen. Falls das nicht funktioniert, hilft nur eine Pinzette. In jedem Fall die Stelle anschließend desinfizieren.

Manche mögen's heiß – Warme Getränke kühlen besser als kalte

Nach stundenlangem Wandern oder einer Fahrradtour ist eine erfrischende Abkühlung gerade recht. Sprudelndes Wasser, eine Fruchtschorle, ein Eistee – Hauptsache so kalt wie möglich! Das geht runter wie nichts ... ist aber nicht die beste Wahl. Denn nach dem ersten prickelnden Gaumenkitzel reagiert der Körper leicht schockiert. Er wehrt sich und versucht, die flüssige Kälte auf Körpertemperatur zu erwärmen. Dafür bringt er einiges an Energie auf, und uns wird so bald noch wärmer.

Menschen in südlichen Ländern wie Marokko oder der Türkei setzen an heißen Tagen eher auf lauwarme Getränke. Denn ein warmer – nicht kochend heißer – Tee wirkt kühlend. Die Blutgefäße weiten sich, und es setzt nur ein leichtes Schwitzen ein. Eine sinnvolle physiologische Reaktion, denn die Verdunstungskälte wirkt auf der Haut sogar kühlend.

Und so gut es schmeckt, ein kühles Bier ist bei Hitze noch ungeeigneter, denn Alkohol belastet den Kreislauf zusätzlich. Deshalb: Lauwarme Getränke oder Wasser in Zimmertemperatur stillen den Durst am besten.

Ingeborg Hain – gebürtige Regensburgerin, sozialisierte Düsseldorferin, glückliche Münchnerin – hat Politologie, Soziologie und Kommunikationswissenschaft studiert. Sie ist beim Bayerischen Rundfunk als redaktionelle Planerin für BAYERN 1, als Wissenschaftsautorin für *Bayern 2* sowie als Moderatorin der Sendung »Aus Wissenschaft und Technik« auf *B5* aktuell tätig. Ihre Schwerpunktthemen sind Medizin und Ernährung.

© Bayerischer Rundfunk / Theresa Högner

Register

Register